アーネスト・サトウの明治日本山岳記

アーネスト・メイスン・サトウ
庄田元男 訳

講談社学術文庫

目次

〔凡　例〕

一、本書は英国の旧国立公文書館（The Public Record Office＝二〇〇三年に The National Archives に統合、拡大）に所蔵されていたサトウ文書（*Satow Papers.* 文書記号 PRO30/36）のうち、アーネスト・メイスン・サトウ（Ernest Mason Satow 一八四三〜一九二九）の若き頃の日本内陸旅行にかかわる日記のいくつか（邦題『日本旅行日記』）と、サトウとアルバート・ジョージ・シドニィ・ホーズ（Albert George Sidney Hawes 一八四二〜一八九七）との共編著である『中央部・北部日本旅行案内』改訂二版（*A Handbook For Travellers In Central & Northern Japan, second edition, revised.* 1884, London, John Murray. 邦題『明治日本旅行案内』）から、日本の山岳にかんする記述を訳者が選出し、編訳したものである。

二、本書に所収したうち、『中央部・北部日本旅行案内』から訳出したのは、「富士とその近隣」「越中と飛驒」「日光から金精峠・尾瀬・八十里越を経て新潟へ」「吉野」「高野山から山越えで熊野へ」「吉野から天ノ川渓谷を経て高野山へ」、サトウの日記から訳出したのは、「ディキンズと富士山へ」「悪絶・険路の針ノ木峠と有峰伝説」「秘境奈良田から南アルプス初登頂」である。

三、サトウの日記の訳出にあたっては、横浜開港資料館が英国の国立公文書館から複製したサトウ文書を原書として使用した。

四、書名は、本書学術文庫版の刊行にあたって、新たに付けたものである。

五、各章題、中見出し、小見出し等は、訳者が適宜施した。また、読者の読みやすさを考慮して、改行も新たに適宜施してある。

六、原書で日本固有の事物などをイタリック体で表記してある場合、訳語を「　」で括った。

七、人名、地名などで、漢字表記が不明なものは、相応すると思われる漢字を当て、原文の読みに従い、片仮名でふりがなを付けた。また、原書で通常と異なる読みをしているものは、例えば「役小角《エンノショウカク》」のように片仮名でふりがなを付け、その下に〔えんのおづぬ〕と正しい読みを付けた。

八、サトウによる注は（　）で示し、訳者による注は＊もしくは〔　〕で示した。

九、『中央部・北部日本旅行案内』の原書で、優良旅宿名に付されている＊印は、本訳書では☆で表示した。

十、サトウの『中央部・北部日本旅行案内』の全訳は、庄田訳『明治日本旅行案内』上・中・下（平凡社、一九九六年刊）を、また、サトウの日本内地旅行に関する日記の全容については、庄田訳『日本旅行日記』全二巻（平凡社東洋文庫、一九九二年刊）を参照されたい。

十一、地図は編集部で作成した。地図中に示した道筋は、サトウの記述と現在の地名・道路からの、およその「推定ルート」である。

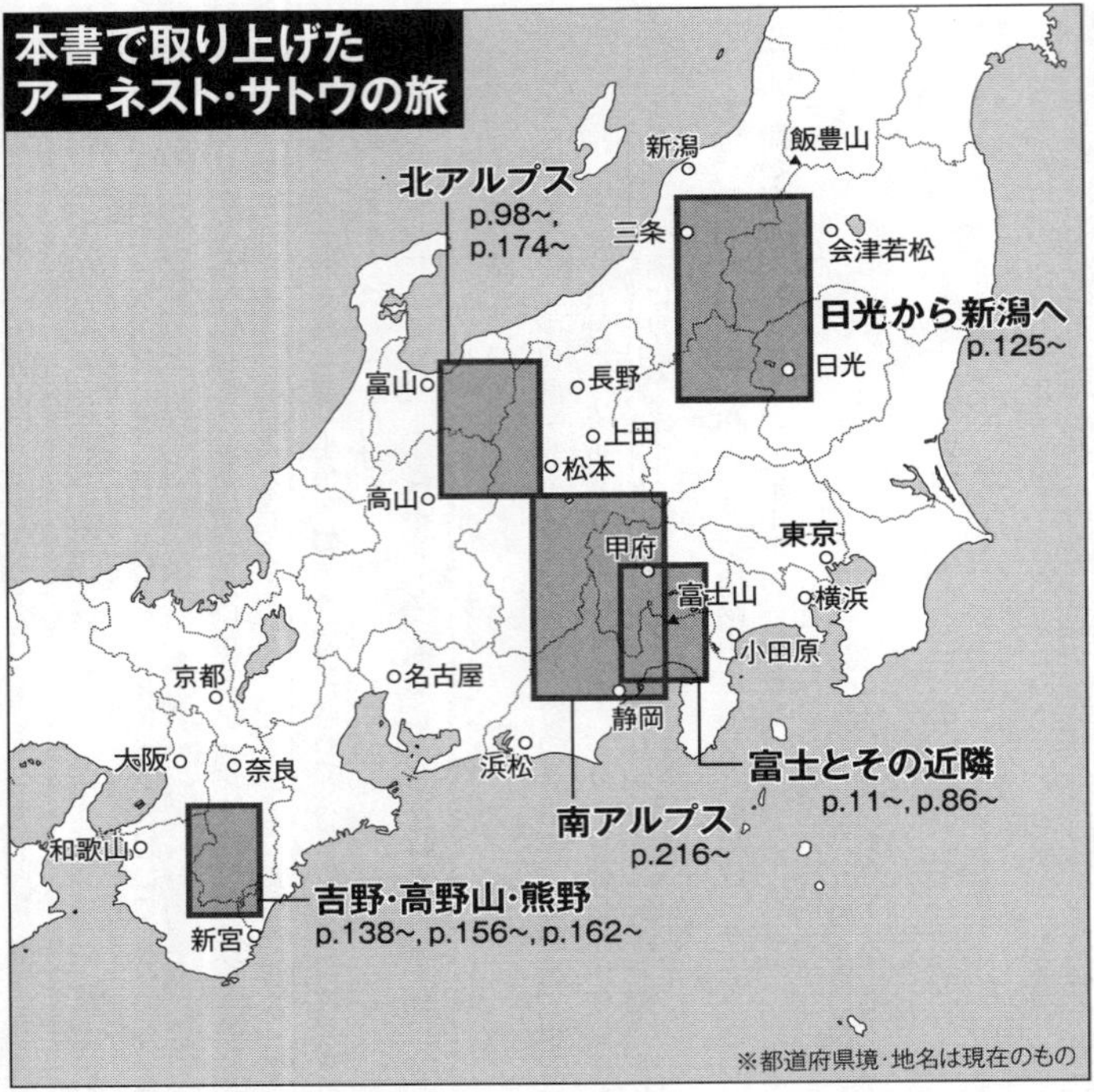
本書で取り上げた
アーネスト・サトウの旅
北アルプス
p.98~,
p.174~
新潟
飯豊山
三条
会津若松
日光から新潟へ
p.125~
日光
富山
長野
上田
松本
高山
東京
甲府
富士山
横浜
小田原
京都
名古屋
静岡
浜松
大阪
奈良
富士とその近隣
p.11~, p.86~
南アルプス
p.216~
和歌山
吉野・高野山・熊野
p.138~, p.156~, p.162~
新宮
※都道府県境・地名は現在のもの

アーネスト・サトウの明治日本山岳記

地図製作　平凡社地図出版

富士とその近隣

概説

通常日本人は富士のことを富士山《ふじさん》と呼び、外国人は富士山《ふじやま》と呼ぶ。この日本で最も高い山は駿河地方と甲州地方の間に位置している。日本の古い伝説によると（但し最も古いもので一六五二年に書かれた地元の記録なのだが）、富士は京都近くにある琵琶湖が形成された同時期に一夜にして隆起したとされている。この現象が発生したのは紀元前三〇一年のこととする著述家もいれば、紀元前二八六年とする人もいる。しかしこの話は架空であることが明らかでそれに関連した年代学的説明に言及する価値はほとんどない。伝説によれば富士山に初登頂した人物は聖徳太子（五七二〜六二二年）で、次が七世紀に活躍した著名な行者役　小角《エンノショウカク》（えんのおづぬ）であったという。この山頂には八〇六年に、浅間《せんげん》大権現あるいはより簡潔にして富士浅間という称号のもとに崇拝されている美しい女神木之花佐久夜毘売《このはなさくやひめ》を祀る社が創設された。そして吉田でもそのおよそ百年後にこの女神を祀った。大宮と須走《すばしり》の富士浅間神社はおそらく同時期のものであろう。しかし山の真実の神は大穴牟遅神《おおあなむじのかみ》（ここでは頂上の火口を意味する「大きな穴の所有者」と解釈されるべきである）だとする説があるが、これは何にせよ正当的な見解ではない。

日本人は、日中に登拝者の足で下に滑り落とした砂が夜にまた山に自ら登りかえすのだと主張する。*非常に古い伝説に六月十五日の数時間だけ雪が完全に姿を消しその次の夜にまた降り出すという話があり、今も残されている最古の日本の歌集に、そのことを暗示する歌がある。富士は時に神として語られることがある。次に掲げるのはチェンバレン氏が英訳した「万葉集」の中の歌である。

なまよみの甲斐の国
うち寄する駿河の国と
こちごちの国のみ中ゆ出で立てる
不尽の高嶺は

天雲も　い行きはばかり

飛ぶ鳥も　飛びも上らず
燃ゆる火を雪もち消ち
降る雪を　火をもち消ちつつ

言ひも得ず　名づけも知らず
霊《くす》しくも　います神かも
せの海**と名づけてあるも
その山のつつめる海ぞ不尽川と人の渡るもその山の水の激《たぎ》ちぞ

日の本の大和の国の鎮《しず》めとも座《いま》す神かも
宝とも生《な》れる山かも
駿河なる不尽の高嶺は
見れど飽かぬかも

（*The Classical Poetry of the Japanese*〔『日本の古典詩』〕一〇〇頁による）

＊登りかえす砂——富士山からは常時大量の土砂岩が流下しているのに山容は何ら変化しない——この不思議な現象を、往時の人々は砂が夜間に人知れず山へ戻るのだとして納得したという。

**せの海——富士山北西麓（鳴沢《なるさわ》の地）には剗《せ》の海があったが、貞観《じょうがん》六年・八六四年の大噴火によって現在の西湖と精進湖に分断された。

富士を蓬萊山《ほうらいさん》*と同じだったと考える人もおり、秦の徐福《じょふく》（中国語でHsu Fu）がこの山を求めて船出したが徒労に終わっている。

*蓬萊山——はるか海の彼方にあって神仙が住むとして道教が教える山が蓬萊山である。秦の始皇帝は方術士徐福に費用と童男童女を付して不老不死の妙薬を探索させたが失敗に帰した。

外国人によるさまざまな富士山の高度

富士山の高度についてはさまざまな意見がある。クニッピング氏*は一八七三年に吉田口と須走口との合流部を経て登山し日本人が「頂上」と称している場所に到着し、二週間以上にも及ぶ日時をかけて七十三回にわたる観測をした平均値で三六八九メートル（一万二一〇三フィート）という高度を出した。これに火口の西側に迫《せ》り出している全体で最も高い剣《けん》ケ峰《みね》の高さを加えるために四〇メートル（一三一フィート）という数字を算出し、合計して三七二九メートル（一万二二三四フィート）とした。R・スチュアート氏**は日本の調査で一万二三六五フィートとし、ライン博士***は三七四五メートル（一万二二八七フィート）としている。しかし後者は駒ケ岳という火口南東の縁にある峰に関する計算で、剣ケ峰より少なくとも一五〇フィートは低く、もしこの数値が正しければ後者の高度は一万二四三七フィートになるはずである。

＊クニッピング――Knipping, Erwin. ドイツの御雇外国人で、大学南校で数学を、ついで内務省で航海術を教えた。わが国最初の天気図を作成した。業務外でも、日本アジア協会とドイツ東アジア民族学博物学協会で活躍し、多くの論文を残すとともに正確な日本全図を輯製した。

＊＊スチュアート――Stewart, Robert. 工部省測量司、内務省の御雇外国人。

＊＊＊ライン――Rein, Johannes. 地理学者として日本各地を旅行し、帰国後『日本』を刊行した。各地山岳の高度を調べ地図を作成した。白山登山の途次、手取川で植物化石を発見している。

（W・S・チャプリン氏＊は「東京大学理学部紀要」七号において三角法による測定で得られたデータから、三七九二メートル、すなわち一万二三四一フィートがこれまで得られた他の高度のうち最も正確だと結論づけている）。我々の測定によると剣ケ峰は村山口登山路の頂上小屋よりも二三〇フィート高く、後者は須走・吉田口頂上小屋よりも五六フィート上にある。従って須走・吉田口頂上小屋の地点についてクニッピング氏が算出した値を受け入れるとすれば全体で一万二三八九フィートとなり、チャプリン氏の値に従えば一万二六二七フィートとなる。本当の値はこれら二つの測定値の間にあると思われる〔現在の高度は三七七六メートル、一万二三八〇フィート〕。

＊チャプリン――Chaplin, Winfield Scott. 一八七七年（明治十年）に米国から来日し、東京大学理学部

で土木工学を教えた。富士山の高度測定などの研究を発表した後、一八八二年任期満了で帰国、ワシントン大学総長を務めた。

日本の文学では富士の噴煙がよく取り上げられており、歌人の用いた文案を見ると、少なくとも十四世紀までは風景には欠かせない特徴となっていたに違いない。しかしながら百年前にはすでに富士の噴煙は信州の浅間山のそれよりも力がなくなっていたようだ。九世紀末に活躍したある文人*は、この山名は南西側にある富士郡《ごおり》という地名にちなんで付けられたと言っているが、むしろその地名の方が富士に準じて名付けられたと見たほうがよさそうだ。さらに彼は次のように付け加えている。「頂上にはおよそ一里四方の平坦な場所があるが、中央に大釜のような形の窪みがありその底部は池になっている。この大釜には通常澄んだ緑色（または青色）の蒸気がたちこめており底では湯が煮えたぎっているように見える。蒸気は山からはるか離れたところでも望見できる。九六七年に富士の東麓に小さな山が形成された」。これはおそらく小富士と呼ばれる須山口登山の二合目右手にある小さな円丘のことであろう。一〇二一年のある旅行者の日記**に、やや平坦になった頂上から噴煙が上がっており、夜には噴火が見えると語っているところがある。そして山の上部の美しい色合いにも注目しており——書き手が女性であるためか——雪は濃紫の着物に白い打ち掛け（マントル」を羽織ったようだと表現している。当時は街道が足柄峠を越え、富士山と愛鷹山《あしたかやま》の間を抜けて富士山麓をぐるりと巡っていた。

＊都良香《みやこのよしか》の「富士山記」――都良香（八三四〜八七九年）は平安前期の漢学者で『和漢朗詠集』『新撰朗詠集』などにその詩が掲げられている。『日本文徳天皇実録』の実質的編集者と推定されている。山水を好み仙術を学んで大峰に入ったという。ここで引用されている彼の文章・「富士山記」は富士山の観察記の類で『本朝文粋巻十二』に掲げられている短文である。引用文の、新山の形成についての原文は「山の東脚の下に小山有り。土俗では之を新山という。本は平地なり。延暦二十一年三月雲霧晦瞑、十日後に山成る」であるから八〇二年の噴火を指している。九六七年は間違いであろう。この新山は須走口の古御嶽神社近傍の小富士（一九〇六メートル）のことと考えられる。なお同神社は本来的には二合目に位置しているのだが、現在では新五合目と歪曲されて表示されている。

＊＊『更級日記』――この日記の作者は菅原道真の五代後の嫡流である菅原孝標《たかすえ》の娘（名不詳）で、寛弘五年（一〇〇八年）の生まれ。十三歳で父の任地上総から足柄越えで京へ戻ったときからの日記を後年になって筆にした。従って『更級日記』の作品としての完成は彼女が五十歳を過ぎた頃とされている。この中で富士山を「色こききぬに（濃き衣に）、白き衵（あこめ。宮廷仕えの官女が上衣と単衣との間に着用し、華麗さを競うために重ねたりして用いた。特にいちばん上のものを着て上衣を使わない姿をあこめ姿という）著たらむやうに見えて」と表現している。

＊＊＊足柄峠――東海道の箱根越えとして奈良期に開発されたのが足柄峠であり御殿場―足柄峠―矢倉岳南麓―矢倉沢―関本―国府津を経由していた。

富士山噴火の歴史と科学

噴火は七九九年、八六四年、九三六年、一〇八二年、一六四九年、一七〇七年に発生したと説明されている〔『理科年表』には十五回の噴火が掲げられており、この中には一六四九年のそれは記載されていない〕。最後の噴火は一七〇七年の十二月十六日に始まり、何度か間隔をおいて翌年の一月二十二日まで続いた。この折に富士山の南斜面にこの噴火の起きた年号にちなんで宝永山《ほうえいざん》と呼ばれる円山ができたといわれている。しかしその直近辺部から得られる状況から判断して、富士の三角錐の南側には当時すでに突出部が存在しており、熱水と蒸気の噴出によって斜面を形成していた火山灰を噴流させ、現在宝永山と富士山を結ぶ尾根の西部に深い火口が残され、こうしてその溶岩の突出部を以前よりも急峻な様相に変化させた、と見たほうがより蓋然性が高そうだ。こう考えれば宝永山に迫《せ》り出す赤い溶岩のそそり立つ断崖も説明がつく。

このとき原と吉原付近の東海道には六フィートもの灰の層が積もり、江戸にも六インチに及ぶ降灰があったという。また奥州街道の栗橋にまで火山灰が達したという記録があり直線距離で七五マイル〔原文のまま〕に及ぶ。その一方で反対方向ではせいぜいわずか四二マイル先の東海道の岡部までしか達せず、このことから噴火時には主に西風が吹いたということがわかる。数多くの噴火時に富士山から流出した溶岩流は巨大であったに違いない。頂上から直線距離にして一五マイルのところにある、富士川右岸の松野村でこれらの溶岩流の一つが尽きている。さらに別の溶岩流が北東麓の吉田と船津間に認められる。しかし溶岩流の大部分はその後長い時間をかけて堆積物と岩滓《がんさい》の深い層に覆われ、山の低部をうねって進む溶岩流によってところどころ裸地化された場所にわずかに認められるのみである。

富士の孤峰はほぼ山に囲まれた平野からただ一つ壮大にそそり立っている。南側斜面はそのまま海に落ち込んでいる。その山腹は愛鷹山の崩壊していて険しい峰のために南東側のみがとぎれて見える。北部と西部には険しい花崗岩の連山がそびえ、御坂《みさか》峠から有名な吊り橋がある芝川と富士川の合流点近くまでのびている〔御坂山地〕。これらの連山に向かって富士の火口からの大量の火山灰が堆積し各所の窪地では水がせき止められた結果、本栖湖、精進湖などが形成された。東側は発祥の不明確な火山性の山に遮られており、南側への広がりはそのまま伊豆半島につながる。その中に箱根湖〔芦ノ湖のことか〕がありそれとともに宮ノ下、芦ノ湯、熱海、その他近隣の無数の温泉がある。山麓ではおよそ一五〇〇フィートまで開墾が行われているが、それより上部は草深い荒地が広がって高度四〇〇〇フィートに至る。

ここより森林地帯が始まり、その上限界はところによりさまざまで最も低いところは東側で、須山登山口ではおよそ五五〇〇フィート、須走の登山道で七〇〇〇フィート、吉田からのそれで七三〇〇フィート、村山側からの登りで七九〇〇フィートである。しかし吉田口と村山口の中間部に位置する、人穴《ひとあな》を囲む平野を見下ろすと西面の森林限界は九〇〇〇フィート以上までである。この森林限界の差は宝永山形成の原因となった南東側における比較的最近起きた大規模な地学的変動*によるものであることは間違いない。この折に噴出した火山灰の大部分は東側の須山方面に降り森林を破壊し、長期にわたり自然植生の回復を許さない乾燥した荒地を残した。御嶽や甲州白根山、八ケ岳といった近隣の高山の頂上には分布する高山植物の姿が、富士山域には全くと言ってよいほど見られなくなっていることも同様に比較的最近の火山活動に原因があるに違いない。南西と西側の森林上限付近に二、三種の高山植物がわずかに認められるのみである。*森林部の上には灌木地帯が細く横たわり、主にカラマツの低木と二、三種の丈夫な草木が高度一万フィートまで見られる。

*宝永噴火とその影響——至近時の富士山大噴火は一七〇七年十二月の宝永噴火である。現在残されている宝永第一、第二、第三の三つの噴火口からの総量約〇・八五立方キロメートル、約一三億トンと推定される噴出物（火山灰など）は、直近傍に宝永山を形成するとともに、冬期の偏西風に乗って東方に運

ばれ各地に堆積していった。このため、富士山東麓の森林は破壊され現在に至るも、その限界高は西麓に比して低いままである。また山頂部の高山植物も破滅され目にすることはできないでいる。

富士山への登山は他のはるかに低い山に登るよりもずっと簡単だ。というのも登攀《とうはん》を要する岩塊や若木の下生え、匍匐《ほふく》して進まなければならない籐の茂みなどの障害物がないからである。しかも最初の三分の一まで、すなわち四〇〇〇フィート以上までは馬の背を頼ることができるしそれから先の登山は絶え間ない忍耐ができるかどうかの問題であるに過ぎない。荷馬を置いていくことになる地点（馬返《うまがえし》という）から頂上までの距離は「合《ごう》」*と呼ばれる単位で不規則に十に分割され（不思議なことに十合は「升」というおよそ一クウォート半〔約一・八リットル〕の容量を示す単位に等しい）、その一区間をさらに二分して「五勺《しゃく》」という単位が使用されることもある（須山口の登山ではさらにその先まで、すなわち一合目と二合目の中ほどまで馬を使うことができる）。

＊合――ある基準の十分の一を示す。例えば三段四合（面積）。九州では一里の十分の一の長さをいう。しかしながら合目の設定基準は長さのみではなく、三十分（緩傾斜の山麓部の場合）～二時間（急傾斜の頂上付近の場合）程度の登り下りの一区切りであるとも見られるので、戦いの回数を示す「合」（剣を数合交わす）の意に似ているようだ。

このようにして最初の起点は「一合目」、二番目のそれは「二合目」、五番目のそれは「五合目《ごんごうめ》」となり、頂上に至る手前の最後の合目は「九合目」となる。この一風変わった計算方法は一升枡から米を傾けて地面に開けたときに得られる堆積の形が富士の三角山に似ていることから登山路を分割する場合にも一升の分数である「合」に一致させるのがふさわしいという趣旨で説明する日本人もいる。しかしこれは日本の他地区、特に薩摩地方で「合」を距離を分割する単位として使用していることからきているのだと思われる。これらの起点の大部分と頂上には小屋があり、宿泊したり飯や茶や水を得ることができる。現在の料金を以下に示す。

案内人兼荷物持ち、一日につき……………一円
宿泊、食事付（日本人）……………三十銭
〃　（外国人）……………五十銭
布団追加分、一枚につき……………四銭半

登山に最適な時期は七月二十五日から八月十日くらいまでで、この時期頂上は一日の大半が雲に包まれることがない。日本人が登山シーズンとする期間はかつて施行されていた太陰暦の六月一日から始まり七月二十六日に終わるが、この陰暦の時期は年毎に変化し外国人の旅行者にとってはあまり役立たないようだ。しかし七月十日から

九月五日の期間は小屋はまず開いていると思って間違いない。必要な案内人の数は持ち運ぶ荷物の量によるが、女性が登山をするときは人手を一人余分に雇い女性が疲れたときに助けられるようにすることをお奨めする。水と混ぜる缶入り保存ミルクは小屋で入手でき、登山の休憩時に飲める。やや冷やした紅茶、火を通した少量のオートミールの入った水もまた大いに薦められる。しかし酒類はどんなに薄めたにしても、一日になすべきことが終わるまで避けておくほうがよい。シーズンの終わり頃になると頂上では小屋の中でも気温が氷点まで落ち込み、それ以外でも摂氏五度を大きく超えることはあまり考えられないので、暖かい服をふんだんに用意し、少なくとも各人一枚ずつ毛布を持っていかなければならない。蚤《のみ》よけは不可欠だ。シーズン中は小屋で「布団」を提供してくれるが、その期間以外は各人が二〜三枚の布団を持っていくことが必要だ。下りに際しては丈夫な脚絆《きゃはん》をつけることを薦める。砂や灰が靴の中に入るのを防いでくれるのである。シーズンが終わると小屋は閉鎖され入り口は雪が入り込まないように溶岩のブロックでふさがれる。従ってシーズン以外は常に薪や水を携帯していくこととなるので、人夫の数を増やすことになるだろう。馬返から頂上までの間でそうしたものは入手できないのだ。

気温は低いものの頂上に一泊するのが一番都合がよい。登山になれていない人でも、経験から遠ざかっている人でも、朝の六時に主要な四ヵ所の登山口のいずれかから出発すれば頂上へは日没前に楽に到着できる。またそうした人が下山するにも同じように簡単に登りの半分の時間で可能だ。須走口からの登下山に要したこれまでの最短時間は休憩を含めて十一時間三十七分である。実際に登りにかけた時間は六時間二十七分、下りは二時間二分であった。しかしいたずらに時間との競争だけでこの山旅をする必要は決してなく、好天であれば山で二日過ごすのも大いに薦められる。一方周囲を回る場合は三日を要するだろう。夜を頂上で過ごすことのもう一つの意義として、日の出の時刻、特に上空に雲がないときなどに時として壮大な眺めが得られることがあげられる。

山頂への五本の登路

山頂への登路は五本、すなわちそれぞれ須走、須山、村山、吉田、人穴から始まる。これらの登山口までの案内は以下の各項目の冒頭に掲げるが、簡単にいえば東京、横浜あるいは滞在中の宮ノ下渓谷から出発する場合は、須走口が最も便利である。横浜から須走までの速達路は東海道を二頭立て馬車で小田原へ、そこから「俥《クルマ》」で酒匂川《さかわ》の渓谷を乗切《ノッキリ》まで、さらに車夫を口説いてその先まで進み、その後徒歩で小《お》

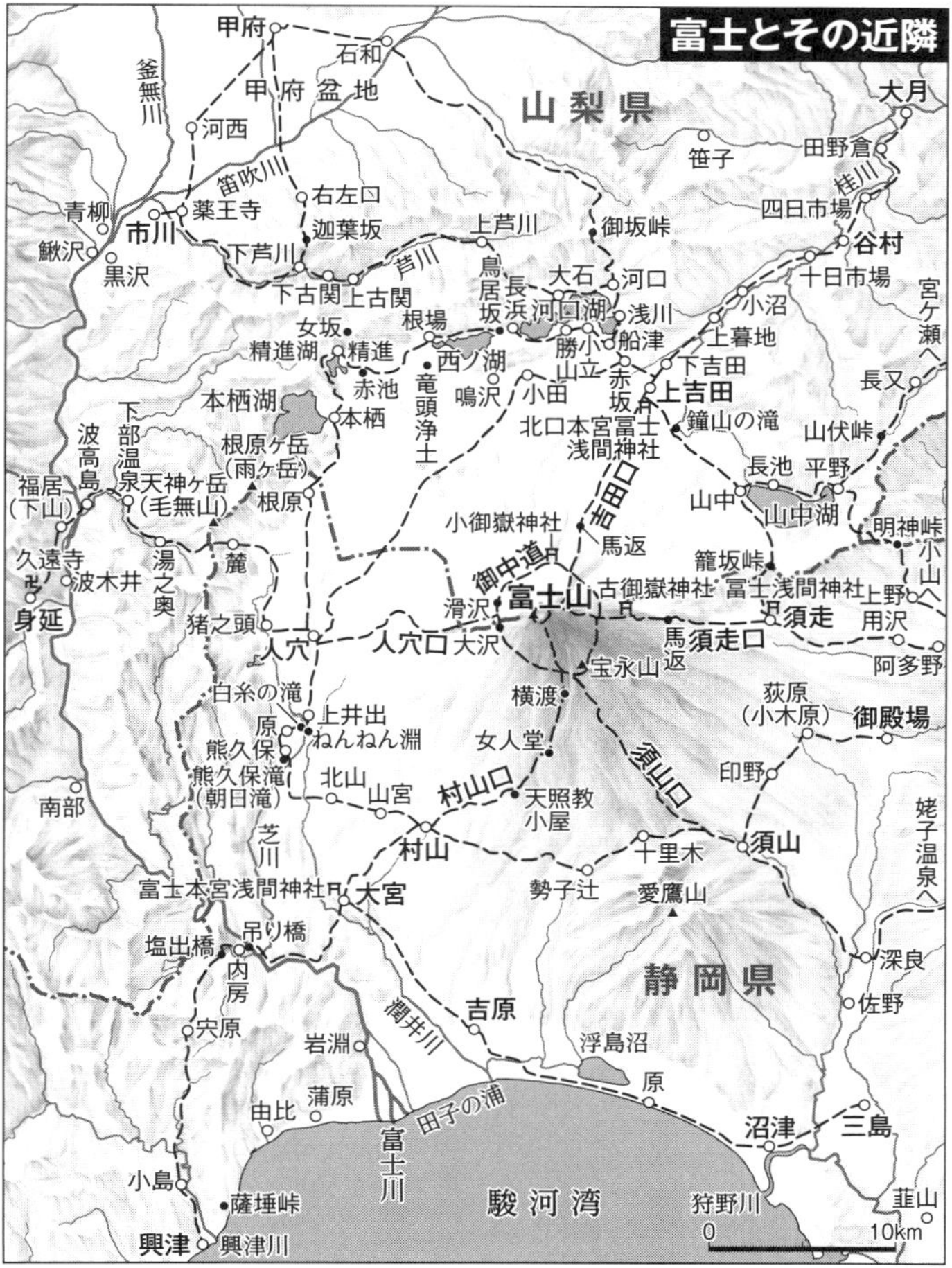
甲府
石和
釜無川
甲府盆地
山梨県
大月
河西
笹子
田野倉
笛吹川
桂川
右左口
青柳
薬王寺
四日市場
市川
迦葉坂
御坂峠
谷村
鰍沢
下芦川
上芦川
黒沢
芦川
十日市場
鳥居坂
大石
河口
宮ケ瀬へ
下古関
上古関
長浜
河口湖
浅川
小沼
女坂
根場
船津
上暮地
精進湖
精進
西ノ湖
勝山
小立
下吉田
赤池
竜頭浄土
鳴沢
小田
赤坂
上吉田
長又
本栖湖
本栖
北口本宮冨士浅間神社
鐘山の滝
下部温泉
波高島
根原ヶ岳（雨ヶ岳）
山伏峠
長池
平野
福居（下山）
天神ヶ岳（毛無山）
根原
吉田口
山中
山中湖
小御嶽神社
明神峠
湯之奥
馬返
久遠寺
麓
御中道
籠坂峠
小山へ
波木井
古御嶽神社
冨士浅間神社
身延
滑沢
富士山
上野
猪之頭
須走
用沢
人穴
人穴口
大沢
馬須走口
阿多野
宝永山
返
白糸の滝
横渡
荻原（小木原）
御殿場
上井出
原
ねんねん淵
熊久保
女人堂
須山口
印野
熊久保滝（朝日滝）
南部
北山
山宮
村山口
天照教小屋
姥子温泉へ
芝川
村山
須山
十里木
富士本宮浅間神社
大宮
勢子辻
愛鷹山
塩出橋
吊り橋
内房
深良
静岡県
潤井川
吉原
佐野
宍原
岩淵
浮島沼
蒲原
原
由比
田子の浦
沼津
三島
富士川
小島
薩埵峠
駿河湾
狩野川
韮山
興津
興津川
0
10km
富士とその近隣

山《やま》に向かい一泊した後、健脚者であれば翌日の暗くならないうちに難なく八合目、あるいは頂上へも到達できるというものだ。帰途は乙女峠経由で宮ノ下に一泊し四日目の夕方に横浜に帰着することが可能である。

箱根からの最も楽なルートは須山口経由だが、八合目より上の山道の状態が悪いのが玉にきずだ。村山口は東海道経由で西方から来る人が富士へ登るのに最も適している。そして東京から甲州街道を経由する場合には吉田口が最適だ。いわゆる人穴からの登山は必要以上に体力を消耗させる登りが多々あり、しかも富士の中腹までしか登れず、それ以降は御中道《おちゆうどう》を村山道の五合目までたどるか吉田から発している山道の途上にある小御嶽《こみたけ》へ向かわなくてはならない。しかし、人穴からわざわざ山麓をめぐり村山か吉田まで進みそこから登山を開始するより前記のルートを採用した方が時間的に早い。下山に際しては登路と異なるルートを経由するのが好ましく、その場合には登山中は不要となる重い荷物をあらかじめ山麓をめぐる人夫に依頼して下山地へ回送しておく必要がある（後述の「山麓の周遊」を参照のこと）。

須走口からの登山

須走から宮ノ下――このルートのはじめの部分は、以下に里程を掲げる。

宮ノ下から	里	町
仙石原	一	二十九
乙女峠の頂上	二	十七
御殿場	四	十七
須走	六	三十五

一般向きで楽な日帰り旅行である。

御殿場（旅宿、☆大宮《オオミヤ》、富士屋《フジヤ》、坂井屋《サカイヤ》）から、「俥」の運行が可能で非常に美しい田園の中を経るルートであり、その大部分が並木道となって心地よい木陰を提供している。全体を通して富士の景色がよく見えるうえに場所により常に新しく特色のある景観が得られる。土壌の表面部は概して肥沃なローム層に見えるものの、それほど厚い層ではなく主な成分は火山灰と岩屑《がんせつ》〔多孔質の火山放出物〕である。

箱根から須走に向かうには、湖の末端部で舟に乗り、長尾峠を長尾へ越え、その後三島からくる本街道を御殿場までたどるという経路が一番よい。距離にして約一〇マイルほどだ。

別の経路としては、湖の終端部で舟を下りた後、仙石原に進みそのまま乙女峠を越え、まっすぐ御殿場に向かう。このルートはいくぶん遠く、越える峠も高い。

小田原から須走へは酒匂川渓谷を通って一日で簡単に到達できる。このルートについては後に掲げる「富士下山後の復路」の項で説明する。

三島から道中を通して「俥」の運行が可能な道があるが、二人の車夫を雇う必要がある。次に距離を示す。

三島から	里	町
佐野	一	二十
深良	二	二十
御殿場	六	
須走	八	十八

深良に立派な旅宿、☆富士屋《フジヤ》がある。御殿場については前記参照のこと。

須走（旅宿、米山重平《ヨネヤマジュウヘイ》、米山穂積《ヨネヤマホズミ》、山田屋《ヤマダヤ》、大光寺《ダイコウジ》、小光寺《ショウコウジ》。米山重平を除きほとんどの旅宿は外国人の宿泊を拒否する）で登山用の案内人を調達できる。この町はシーズン中は概して登拝客で賑わうので、ここで一泊しようとするなら宿を確保するため早めに到着したほうがよい。本通りの上端部に大きな神社があり富士浅間という女神を祀っている。一里半の馬返にある休憩小屋まで馬が利用できる。この部分は森林の中を通る広い道となっており、平均四、五度の傾斜がある。この先から山道は狭くなり、ところどころ木の根に邪魔されて馬も通れなくなる。次に続くおよそ一里の段階ではまだ傾斜は緩やかで、古御嶽という名で知られる小さな神社へ至る。神社の少し手前に進むまで六軒の休憩小屋があり、ほぼ全箇所で和食をとることができる。古御嶽で登山道は神社の右手の拝壇を通過する。左は下山道へ入る。この地点と二合目の中間あたりで山道は森林から抜けて山麓の噴石がころがる裸地に出る。一合目の小屋はもはや存在せず、森林の上限付近に野イチゴがふんだんに見られる。

　道はここにきて灌木の間を曲折しながら硬い黒灰を越えていく。そして三合目の廃れた小屋を通過し、四合目へ向かうとここからさらに登りが険しくなる。「四合五《しごうご》勺《しゃく》」目の右手に「胎内」と呼ばれる小さな洞穴があり、その入り口に小屋がある。矮小なハンノキの茂みが五合目で尽きる。この近辺では日本人の間では「オニク」*という名で呼ばれる珍奇な植物が見られる。この根の煎じ汁は切り傷によい。五合目には小屋が二軒ありどちらも良好で、さらにそのすぐ上には「五合五勺」目の小屋が続く。六合目から七合目のやや先にかけて道は溶岩が広がる間を登る。決まった道はないが行く手を見つけるのは困難ではない。というのは登拝者たちが草履で踏みしだいた跡がはっきりとついているのである。七合目より先になると足場のもろい噴石の間を注意深く選びながらジグザグに進んでいく。八合目で右からの吉田登山道と合流するが、ここには八軒の小屋があり、すばらしい宿を提供してくれる。九合目の小屋は一軒だが、「頂上」には十一軒も並んでいる。

＊オニク——ミヤマハンノキの根に寄生する植物。多肉質の太い円柱形で高さ一〇センチ程度。和名は御肉で肉蓯蓉《にくじゆよう》（肉キノコ）ともいわれる。木曾御嶽や富士山で採集され、これを乾燥したものは強壮剤として珍重される。

各合目のおよその高さ	フィート
須走	二五二〇
馬返	四四一〇
古御嶽	六四三〇
二合目	七五六〇
四合目	八四二〇
四合五勺目	八五七〇
五合目	九四〇〇

五合五勺目……………九四五〇
六合目………………九八〇〇
七合目…………………一万〇二〇〇
八合目…………………一万〇九九〇
九合目…………………一万一六四〇
頂上……………………一万二一〇〇

須走口への下山は八合目までの下りは同じで、ここから右に分かれ地盤の緩い噴石の上をグリセードのような形で下降する。日本語でいうと「走り」というのだが、森の上限にある砂払の小屋まで直行する。所要時間は頂上から二時間もかからない。八合目から砂払の間では小屋は一軒も見られない。古御嶽（前記参照）へは森を抜けてさらに約十五分ほどである。

須山口からの登山

この登山道は箱根の滞在者を除いてはおそらく誰も選ばないだろう。

須山では渡辺早太《ワタナベハヤタ》と土屋平太《ツチヤヒラタ》所有の二軒の心地よい民家が旅行者を受け入れてくれる。登拝者はそれほど頻繁に利用しないという事情から、出発点としては須走か吉田をとる方が好ましい。一合目までは馬を雇った方がよい。料金は六十銭で、さらに少額を追加すれば二合目の中ほどまで行ってくれる。暗くならないうちに山頂火口を一周したい場合には遅くとも早朝五時までに出発するのが望ましい。

須山からおよそ二時間ほどは緩やかな登り坂の草原を横切る。左後方に見える山は愛鷹山である。その円錐形の山と並ぶと宝永山は単なる砂の塚のようにしか見えない。森林が尽きてまもなく馬返という廃れた小屋の前に来るが休憩せずにそのまま二合目まで進む方がよい。ここは森林の上限をわずかに過ぎたところで樹木のない山腹となっており、植物は非常にまれでわずか数種しか見られない。その中でも目を引くのはホタルブクロ、サントリソウ、ミチヤナギなどである。ミチヤナギは八合目までのほぼ全域で見られる。二合目で道は右に折れ山麓を横切る。正面には宝永山の山腹を降下する険しそうな山道が見え、一方右手には副次的な噴火で形成された、小富士として知られる小さな円丘がある。

三合目から登りは険しくなりかすかにつけられたジグザグの道を曲折しながら急上昇していく。六合目で「御中道」という山腹を巡る道を横切る。七合目から先はもろい噴石のためにさらに厳しくなり、八合目から先の道は非常に荒れている。近年に起きた嵐によりもとの道が壊滅されたためである。八合目の近辺に溶岩の深い裂け目がいくつかあり、そのうちの数ヵ所で雪が見られるだろう。この登山道の頂部がここにきて山頂の二つの峰の間に見えてきて、登りに疲れた登山者を励ましてくれる。この登山道はあまり利用されないので、小屋の管理人はおそらく二合目、三合目、六合目、八合目にしかいないだろう。九合目には小屋がない。経験のない人でも一合目を出発して頂上に到着するのは、休憩を含めて九時間もあれば十分である。頂上には三軒の小屋があり、村山口からの登拝者の宿泊場所ともなっている。近くに富士浅間を祀る小さな御堂がある。その裏に虎の浮き彫りの施された石があるが、天皇が設置したといわれている。村山より四分の三マイルほど下方の場所から引っ張り上げるのに二十八人の人夫で十五日間かかったという。

各合目のおよその高さ　フィート

須山……………二一〇〇
一合目…………四三八〇
二合目…………五七六〇

三合目……………………………六二五〇
四合目……………………………八〇七〇
五合目……………………………八八七〇
六合目……………………………九四九〇
七合目……………………………一万二〇〇
八合目……………………………一万九七〇
頂上………………………………一万二一六〇

下山に要する時間は登山に比べてはるかに短く、休憩を含めずに二時間半あれば頂上から二合目まで優に到達できる。七合目で下山道は右に曲がり崩れやすい砂地を行き、六合目まで来るとさらにやや右に向かい、それからまっすぐ宝永山の腹部に向かって突き進む。熟達した案内人なら七合目から二合目へは三十分で到達するといわれており、経験の非常に少ない人でも一時間で簡単にこなせる。これに対し一合目から須山に戻るのには、〔同区間の〕登りに要するのと同じくらいの時間がかかってしまう。その後は荒地を二時間十五分ほど横切ると楽に深良まで進むことができ、さらに二時間半で深良峠を越えて湖の岸に出る。姥子《うばこ》温泉への登り口の対岸にある茶屋で通常舟を調達できるが、深良峠の下山口ではむずかしい。従って登山開始前に箱根で、帰途の旅行者を迎えに来る舟を依頼する取り決めをしておくことをお奨めする。

村山口からの登山

箱根から村山へ向かうには、東海道を吉原へたどりその後大宮〔富士宮〕を経由するか、あるいは前述の通り須山へ達した後、十里木と勢子辻《せこつじ》を経て富士山麓を巡るかのコースとなる。後者のルートをとると距離は約十里、東海道を利用するルートは十四里近くだ（もっとも三島から大宮までの八里と四分の三は「俥」で行ける）。どちらにしても一日の楽な行程である。須山から村山までに関する詳細な説明は後述の「山麓の周遊」の項を参照されたい。

東海道と大宮経由で村山へ

箱根から徒歩または「駕籠」で三島へ下降し、それから「俥」で原と吉原を経由して大宮へ向かう。吉原から大宮まで道は六マイルの距離を高度約五〇〇フィート上昇するが、「俥」は非常に走りやすい。大宮（旅宿、小西《コニシ》、中村屋《ナカムラヤ》）には富士浅間《せんげん》神社が建っており、神道建築の古い様式の二層の本殿が目を引く。上層は本来の厨子《ずし》で神の象徴が納められている。最近になって正面に白木の拝殿が建てられた。境内には一本の巨大な枝垂れ桜があり地上より六フィートの周長は九フィート以上もある。神社近くで火山岩が堆積する不規則な川床から水が湧出し幅が広く流れの速い小川〔湧玉池〕を作っている。境内の裏手から発している小道を進むと大宮から村山へ向かう本街道の一マイルあたり先でぶつかる。大宮の町を通過せず入り口より少々離れた場所から右に向かう近道を利用すると約半マイルを節約できる。

里程	里	町
吉原から		
大宮	二	十六
村山	四	三

村山までの山の斜面には米、茶、煙草、稗その他さまざまな野菜が栽培されており、その上部には「三椏《ミツマタ》」の広大な植林地帯が広がっている。

西方から東海道沿いに進み村山から登山する予定の旅行者は興津《おきつ》で街道を逸れ、身延街道を内房へ向かい、吊り橋を渡り大宮経由で村山に向かうとよい。距離は次の通り。

興津から	里	町
小島《おじま》	一	
宍原《ししはら》	四	八
塩出《しおで》橋	五	十六
内房	五	三十四
吊り橋	六	
大宮	七	三十四
村山	九	二十一

村山における最も良好な宿泊施設は当地で代々続いている神官職の藤双四《フジソウシ》郎《ロウ》所有の池《ち》西坊《せいぼう》*である。ここで案内人を雇い、一合目から三里八町の馬返までの馬を調達することができる。

＊村山三坊――富士宮市村山は江戸期以来の富士山登山基地（表口）であり、特に信仰登山者、修験者の道場としてさかえた。道者の宿泊坊として大鏡坊、池西坊、辻之坊の村山三坊があった。村山は宝永四年（一七〇七）の富士山大噴火で廃虚となりその後ある程度は復旧したものの元村山と呼ばれるように

なった。本文では池西坊を神官職の家系としているが、修験道は役小角を祖師と仰ぐ山岳宗教であって仏教と道教の影響が強い。村山三坊の坊主《ぼうしゅ》は修験者を統括する機能を持っていた。明治五年（一八七二）の太政官布告によって修験道は廃され道者は天台宗と真言宗へ移っていったが、現在ではこれらからは独立した修験教団をつくっている。なお外国人初登山者のオルコックは一八六〇年七月に村山の大鏡坊に一泊して山頂をめざした。

村山を出発すると右側に、見事なスギ林の中に位置する浅間《あさま》神社、あるいは冨士浅間神社を通過し、起伏のある荒地を徐々に上昇して、札打場《ふだうち》にある古い「ケヤキ」と廃れた木の「鳥居」を通過する。この地点から登りは次第に険しくなりさらにおよそ一里ほど開けた草原を横切って天照教小屋*に至る。ついで幅半マイルほどの森林地帯に入り、開けた荒地を通り過ぎた後、馬返のおよそ半マイル下方で再び森へ入る。ここで旅行者は杖に「富士山、表口」という焼文字を捺してもらうことができる。馬返のおよそ二十町先に女人堂《にょにんどう》**という新小屋《しんごや》があり、以前はそこから先へ女性が登ることは禁制とされていた。ついで大樅《オオモミ》（十八町）、笹木里《ササコリ》（十町。右の分岐道は雲切《クモキリ》に向かう）、横渡《ヨコワタリ》（十町）で、そこから二十町の急な登りを経ると一合目の小屋にたどり着く。ここの宿泊設備は良好である。山道はここにきて険しくなり、三合目に至る少し手前で森から抜け出る。二合目はもはや存在しない。

*天照教——群馬の人徳田寛豊が創設した神道の一流派。慶応二年（一八六六）に教祖が現在地に入り、

明治五年に広大な神社を建立。この当時の信者は七十五万人にも達していた。現在でも同地にある。

＊＊女人堂――明治初めまで富士山は女人禁制の山であった。各登山口では一定の場所に制札や女人堂を建て女性を追い返した。表口（村山）では馬返付近の女人堂が、東口（須走）では中宮小室が、そして北口（吉田）では小室浅間がそれぞれ「女人禅定の追立」であった。ただし庚申の年はそれより上までの入山が許された。この禁制は明治五年三月の太政官布告（神社仏閣地に女人結界之場所有之候処、自今被廃止、登山参詣可為勝手候事）によって廃止された。

わずかに右寄りの山頂方向に、宝永山の上部の樹木のない赤い岩壁が、度重なる噴火によって形成された層を見せている。この先ではカラマツが次第に少なくなり枝のはびこる灌木の茂みになる。それは他の高山と同じようにヒメコマツが枝を這わせるのと同じように地面に広がっている。矮小なハンノキ、コケモモとミチヤナギの二種もまたかなり多量に見られる。山道はよく手入れされており、上方へと楽に曲折していく。四合目で右へ行く道は宝永山に通じ、五合目は御中道沿いにある（後述の「御中道」の項を参照）。これより上の道は火山岩の険しい地を急なジグザグを重ねてのびていきさらに上昇すると今度はもろい丸石や噴石や火山灰になる。馬返から火口の縁にある小屋までは休憩を含めておよそ六時間の楽な行程である。小屋はすべて設備が整っているが五合目が最も大きい。

各合目のおよその高さ　フィート

村山……………………………一六六〇
馬返……………………………四三九〇
一合目…………………………七二六〇
三合目…………………………七九六〇
四合目…………………………八三四〇
五合目…………………………八七一〇
六合目…………………………九三四〇
七合目…………………………一万一〇〇
八合目…………………………一万八六〇
九合目…………………………一万一五〇〇

吉田口からの登山

吉田（旅宿、大黒屋《ダイコクヤ》、上文字静江《ジョウモンジシズエ》、田中屋《タナカヤ》）は富士の北麓に位置し、横浜からは小田原を経て酒匂川渓谷を登って須走に向かう方法と、宮ノ下、乙女峠、御殿場、須走を経由する方法とがある。東京からは甲州街道を利用し大月に向かい、そこから二四～二六頁で説明した道を通るのが最適のルートだ。甲府からは御坂峠を越えるのが最短のルートになる。

須走と吉田間の道、そして吉田の町についての説明は後述の「山麓の周遊」の項を参照されたい。

富士の登山道はスギと「ヒノキ」の広い並木道に沿ってのび、小さな松林を抜けて開けた草原地帯に続き、やがて山麓を取り囲む森林に入っていく。この最初の段階では吉田で荷馬を調達して進むことができるが二合目の馬返より先は険しく狭い道となり岩や木の根を抜けて進むことになるので荷馬を連れていくことはできない。三合目で登拝者の通行証があらためられる。森林の上限部分に五合目が位置し、その先に二ヵ所の植生地が広がる。一つ目は灌木の茂みで二つ目は高山植物のお花畠である。六合目より先は登りがさらに険しくなるが霧が深いときでも道はすぐに見つかる。というのは登拝者が路傍に投げ捨てた草鞋《わらじ》が数多く見られるからだ。八合目から頂上までは空気が薄くなり灰と岩屑からなる地山がもろいために非常に苦しい登りになる。ここで須走からの道と合流する。

各合目のおよその高さ　　フィート

吉田	二六五〇
馬返	四七五〇
一合目	四九四〇
四合目	五六二〇
五合目	七三〇〇
五合五勺目	七五六〇
六合目	七七一〇
七合目	九二〇〇
七合五勺目	一万四〇〇
八合目	一万一一〇〇

人穴口*からの登山

当地からの富士登山を試みるのはおそらく時間に余裕がない人だけであろう。というのもこのルートは山麓を巡って吉田あるいは村山へ向かいそこから登山するよりも距離が短いのである。登山は非常に困難であって、山道が森林の中を行くので道中大半は眺めが得られない。旅宿で案内人を雇うことができる。

人穴《ひとあな》の集落を出発すると道は丈高の草地を抜けて荒地を横切る。そしておよそ一時間ほど歩くと狭い凸凹した奔流の川原にぶつかるが、通常水は涸れておりここを三時間ほど登る。あるところでは簡単に登ることができない険しい岩棚を避けるために左にわずかに回り道をしなければならない。時折森林の中に開けた空間がありそこから頂上が垣間見られる。ここにきて右側の森林に入っていく。はっきりとした道があるわけではなく、しばしば若木の深い下生えを無理矢理突き進んでいかなければならないが、常に地峡と平行になるような方向に登っていく。約一時間半の苦しい登りを経ると道は峡谷（日本人には滑沢《なめざわ》という名で知られる）に戻り、もろい噴石と火山岩の上を登っていくとおよそ八五〇〇フィートのところで御中道にぶつかる。ここから先へは左右いずれかの行き方がある。すなわち右を選んで二時間半で村山登山道の五合目に至るか、左の小御嶽を経由して吉田登山道の五合五勺目に向かう一時間半のルートを選ぶかである。

＊人穴口――富士講の祖である角行藤仏《かくぎょうとうぶつ》が開創した信仰登山口。一五六〇年（永禄三年）に角行は三百年も続いた村山三坊を避けて人穴（富士宮市）で修行し法力を授かり新しい富士信仰を開いた。太平洋戦

争中に周辺に陸軍演習場が設けられたのにともない人穴集落は強制撤去され現在は無人のままとなっている。

御中道

この山道は須走登山道の五合目小屋（九四〇〇フィート）、須山の六合目（九四九〇フィート）、村山の五合目（八七一〇フィート）を横切り、吉田登山道と五合目と五合五勺目の中間（約七四五〇フィート）で合流し、六合目（約七七一〇フィート）で再び分かれる。どこから出発するにしても山を左回りに進むとよいだろう。なぜなら山道は宝永山の尾根から西側に続いている地盤の緩い砂地の急斜面を下降するので、それを逆方向に進むとすれば非常に骨の折れることになるからだ。所要時間は休憩時間を除いて約六時間半、全体で八時間ほどだろう。危険のない楽な徒歩行程で、晴れた日には近辺の壮大なパノラマが展望でき、進むに連れて風景がゆっくりと目の前に繰り広げられていくのである。

須走道の五合目から出発すると御中道は緩やかな傾斜を南に向かい三十分で須山登山道の六合目に至る。それから大変なだらかな下り坂を宝永山に向かい細い尾根を進んで右に折れ、一七〇七年の噴火でできた深い入り口へと進入していく。そして尾根の反対側に越えて登拝者たちが捨てた草鞋の散在する広い高台に出てから、やや険しい坂を五十分登り村山の五合目へ向かう。引き続き西に進み、無数の溶岩の広がる箇所を越え緩やかな坂を登っていくと一時間五分で大沢という名で知られる地峡に至る。そしてこの大沢から突き出た巨大な溶岩塊の左に向かってカラマツとシャクナゲの林を抜けて山を下り、四十分ほどで大沢の南端で高度およそ七六〇〇フィートにある小屋にたどり着く。この下降の距離はおそらく一八〇〇フィートあるいは二〇〇〇フィートをくだらないだろう。

まったく安全な山道で大沢を越え、反対側の端におよそ五〇〇フィートほど登るとさらに二十五分で不動関《フドウセキ》小屋に至る。この地点から徒歩で二十五分ほど着実に上昇していくと滑沢《なめざわ》に着く。この部分を歩いている間には人穴を巡る荒地と、ついで山麓に位置する本栖湖、精進湖、西湖、河口湖が順に視界に入ってくる。その先には甲府平野に釜無川の石の多い広い川原が駒ケ岳と八ケ岳の間を西に向かって走る様が見られる。

森から出て山の樹木のない北側に来ると道は下りになり始めさらに低い部分で再び森に入り、およそ三十分ほど岩屑の上を歩いていくと滑沢から一時間半で小御嶽にたどり着く。小御嶽には山の女神を祀る神社〔富士山の祭神である木之花佐久夜毘売の姉磐長姫《いわながひめ》を祀る小御嶽神社〕と茶屋が建っており、もし宿泊する必要がある場合にはよい設備を提供してくれる。さらに十五分進むと森のはずれで山道の分岐点に至るのでここで右の道を選び（左は吉田からの登山道）、十五分で吉田登山道の五合五勺目だ。ここから山中湖がほぼ真東にくっきりと現れ、さらに五分ほどで上へ向かう山道の途上にある六合目に至る。そしてここで左に曲がり、はじめやや険しい坂を登り、その後溶岩の広がる間を曲折しながら越えて六合目からさらに四十分で須走登山道の五合目へと戻る。

富士山頂

この山の頂上は直径二〇〇〇フィートに近い火口を取り囲む連続した峰からなる。火口の中をめざして村山登山道の頂部にある小屋付近の岩屑の斜面や噴石で地盤の緩い地山を降下していくのは造作ないが、小屋から案内人を雇うことをお奨めする。二十分で底部に到着する。噴石で形成されている底面は西から東にわずかに傾斜しており、ところどころに幾条かの細流が走り東端部で山の核となる溶岩の塊がもろく積み重なった場所で尽きる。下降してきた場所を除いて四方は急峻な岩壁がそびえ立ち、時折マスケット銃〔大口径の重い歩兵銃。ライフル銃の前身〕のようなバラバラという音とともに大きな岩塊が崩れ落ちてくる。西側の剣ケ峰のすぐ下に通常大きな雪田の斜面がある。火口の縁からそれぞれ四一六フィート、五四八フィート、五八四フィート下部というようなさまざまな地点でその積雪の深さが測定されている。火口の縁まで戻るには二十五分を要するだろう。

登拝者は夜明け前に火口の西側の峰であり事実上の山頂である剣ケ峰に向かい日の出を待つ。太陽が地平線下にまで上がってくるとあたりの雲全体が輝く紅い炎のように非常に鮮やかな色相を帯び、御来光を待ちこがれる気持ちが彼らを高揚させるようだ。しかし輝く太陽が出現するやいなや彼らはとりつかれたように数珠を擦り合わせこの偉大なる神に祈りの言葉を何やら唱えているのである。

ここからは周囲の地方の非常に広大な風景が眺められる。南には駿河湾の深い切り込みがのび東にそびえる伊豆半島の崖に突き当たる。そして西側では安倍川渓谷と富士川渓谷とを分ける長い尾根が尽きるところに三保崎があり湾を閉じている。南西には海へと注ぐ富士川の石のごろごろする広い川原があるが、その先の東海道と交差する付近の川筋は低山に隠されて見えない。西方には甲信境界に位置する高山のすべてが視界におさまる。すなわち駒ケ岳の鋭い花崗岩のオベリスクをはじめとして、その近隣にそれより低い地蔵岳と鳳凰山、甲斐駒ケ根・間ノ岳・農鳥として知られる白根三山、天竜川と木曾川の間にそびえる信州駒ケ岳、美濃の恵那山、身延付近の七面山の頂上などである。

さらに右側の北方の広がりに目を転ずると、はるか彼方の飛驒と信州を隔てる日本のアルプスが目に入るが、その中には乗鞍《のりくら》、槍ケ岳、そしてさらに遠くに越中の火山性の立山が見分けられる。再びゆっくりと東側に視線を移動させると、北方の地平線に善光寺に近い山々、剣ノ峰と死火山〔現在は活火山としている〕の妙高山が越後へ向かう街道の窪地の端部に立っている。近いところでは前方に八ケ岳の多くの峰がそびえ、その先の北方に視線を投げかけると浅間山の噴煙を上げる火口や三国峠の山、それから日光のすべての山岳つまり白根、男体とそれに付随する山々などが目にとまる。八ケ岳の東にあるのは山容は丸いが頂上の柱状岩から容易に金峰《きんぷ》山とわかる。次に秩父《ちちぶ》の薬師《ヤクシ》、三峰、そしてそれらより低い尾根が入り組んでいるところまで来ると視線が迷う。

山頂火口の東方面ではいずれを見渡してもそれほど壮大な眺めは得られないが、美しさの点ではまさっている。平野の彼方にはっきり見えるのは常陸の神聖な筑波山の双耳峰で、はるか南には肥沃な関東平野の外縁部が江戸湾の奥に位置する東京とともに見渡せる。続いて相模の岬と洲崎、噴煙を上げる大島の三原山、相模湾の海岸線、それにすぐ前方に緑の山々に囲まれた穏やかで美しい箱根湖などが次々に視界に入る。

富士山頂から四方隈なく明瞭な風景が得られるといった幸運に恵まれる登山者は希であるが、眺望に最も適している時間帯は日の出の直前か日の出時であることは間違いない。山岳展望の他に、富士山の周辺に重畳として広がる壮大な雲海を見渡すことも、また登拝者にとって見逃せない至福であろう。この光景は通常夏期の昼から夕方六時頃にかけて出現するもので、まさに壮麗の極みといってよい。山頂は晴天域の中にありながら山肩と中腹部が大きくうねる濃密な白い水蒸気団に囲まれて筆舌に尽くしがたいほどすばらしいのである。あちらこちらで雲間に裂け目が入り下界がちらりと顔をのぞかせることがあるが、多くの場合下部にはこの壮大な雲海の他何も見えず、そのただ中に富士山頂が世界でただ一つの孤島のごとくそびえているのである。海の方に目を向けると周囲を取り巻く雲を越えて大洋が姿を見せ、無秩序のままに絶えずその表情を変える雲とはまったく対照的である。

また時折、日の出時に頂上西側に興味深い現象を認めることができる。太陽の光が地平線上に現れると富士の影（日本語では「影富士」という）が雲と霧の上に深い輪郭を投げかけ、その間西方の山並みにかかるのである。

再び剣ケ峰から下りてその下の山道を進むと、「親不知子不知《おやしらずこしらず》」という険しい崖錐《がいすい》の直上部を通過する。火口の縁から奈落の底へ落ちそうな人は、ともに危難をわかちあうべき親（子）をかえりみる暇もなく、窮地からのがれるためにひたすら身一つで最善を尽くすということからこの名称がついている。この種の地名は日本各地に見られる。引き続き北に向かい山の縁に沿って進むとまさに山麓にまで続いているかのように見える大規模で急峻な地溝を通過する。これが「大沢」でその下限はおそらくおよそ海抜六〇〇〇フィートであり、頂上から中腹部程度で終わっている。火口の外壁をのびる「雷岩《ライイワ》」の腹部を横切り「釈迦の割石《わりいし》」を登り背後にそびえる二番目に険しい釈迦ケ岳を後にし、「金明水《きんめいすい》」へと下降する。これは氷のように冷たい泉で火口の北端部と外壁の間の平坦な岩棚に位置している。これはおそらく火口の周囲を取り巻く側壁に降った雨水が発生源と見られ、それが多孔性の岩と噴石で濾過されたものであろう。再び登りになり、吉田口登山道と須走登山道〔この両者は八合目で合流している〕の頂上にある一連の小屋の前を通過すると、「鳥居」に至るがここからは火口が最もよく眺められる。再び左に折れ観音ケ岳の下部にあたる火口の外壁を進む。ここでいまだに数ヵ所で地面から蒸気が噴き上がっている興味深い現象を見るだろう。中には山道沿いのかなり近間にあるのでどうしてもまたいでいかなければならないものもある。また山の外周部を五〇フィートほど下ったすぐ近くの左手にあったり、五〇ヤードほど前方の岩壁のすぐ下に見られたりする。表面より数インチ下の温度は耐え難いほどの熱さで三十分もあれば卵がゆで上がるだろう。この地点より先で勢至《せいし》ケ窪《くぼ》の凹地を横切り、子供の守護者である地蔵様の代わりに積み上げた石塔が散在する東の賽《さい》の河原を登り、須山登山道の頂上にある銀明水へと下降する。そして駒ケ岳という低いピークの下を通過し、村山登山道の頂上付近にある小屋に到着する。当所と剣ケ峰の中間部に鰶《このしろ》池*という小さな火口が見られ北側から進入できる。大噴火口の直径は一里、すなわち二マイル半はあると日本人は主張しているが、疑いもなく誇大な表現だ。この噴火口を一周するのに一時間を見込んでおけば、その間随所で足をとめて絶景を目にすることができよう。

*鰶池――剣ケ峰の下部にある火口跡がコノシロ池で例年七月上旬頃まで、周辺の融雪水が貯溜されて小池の状態になる。伝説によればこの池にコノシロが棲むといい、この俗信のために冨士浅間の氏子はこの魚を食さないといわれている。

山麓の周遊

里程		
須走から	里	町
山中	二	
吉田	四	八
船津	五	八
小立《こだち》	五	二十
長浜	六	二十
西《にし》ノ湖《うみ》	六	三十二
根場《ねんば》	八	八
精進	九	三十二
本栖	十一	三十二
根原	十三	四

人穴	十五	三十二
上井出	十七	四
村山	二十	四
勢子《せこ》辻《つじ》	二十二	十二
十里木	二十三	十二
須山付近の茶屋	二十三	三十二
荻原	二十六	十一
須走	二十八	十四

須走からの回遊

須走から小立までは「俥」の利用が可能だが、この間籠坂にかかるところだけは下りて歩かなければならない。小立から長浜、西ノ湖から根場まで、そして精進から湖を横断するのに舟を使うこともできる。各地で調達することのできる荷馬はそこから山麓を丸々一周同行させることが可能だ。要所となる道沿いの各集落で農民の一人が通運会社*の仕事を代行しているが、役所の監督が行き渡らず（一八八一年七月現在）

荷馬の料金は法外で、一里につき三十銭、四十銭、ときには五十銭も請求することがある。旅行者は丸々一周の約束をすることを薦める。そうすれば荷物から解放され、部分的に舟旅をする機会を得ることが可能になる。

＊内国通運会社——明治新政府は各宿場の宿《しゅく》・助郷《すけごう》制度を廃止したが、この後を継ぐものとして従来の継《つぎ》立《たて》業者（人馬斡旋業者）と街道稼人らを中心とした内国通運会社（当初は陸運元会社）を発足せしめた。この会社は各道中の主要駅に設置され、宿泊業も営んでいた。

北口本宮冨士浅間神社の神仏分離

須走を出るとまもなく道は急坂となり、一里で籠坂の頂上へと至る（休憩小屋が頂上を過ぎてすぐのところにある）。その後緩やかに下降し富士の斜面を横切って山中の湖のあたりにある山中の集落へ続く。この湖の長さはおよそ一里、幅は十八町で、左側が異常に突出した西洋梨のような形をしている。冬期には二ヵ月間以上にわたり凍結し、格好のスケート場となるので、横浜から二日間の旅を要するという難点はあるものの愛好者にとっては満足を得ることであろう。湖中にはまた「鮒《フナ》」、「鯉《コイ》」、「赤《アカ》腹《ハラ》［イモリ］」、鰻、泥鰌《どじょう》などが多く生息しているといわれている。山中には旅宿は一軒もないが、村長である大森信二郎《オオモリシンジロウ》宅がまずまずの宿泊施設を備えている。道は富士の麓を巡る荒地を横切って続き、比較的平坦で風景は徐々に美しくなっていく。山中湖から流出する桂川が時折垣間見られるが、吉田へ向かう中ほどでこの川にかかる美しい滝〔鐘山の滝か〕が視界に入ってくる。また河口湖もわずかに顔をのぞかせ、甲州のいくつかの山もよい角度で見ることができる。

左手の吉田の入り口で壮大な森の中にかつて浅間《せんげん》大菩薩を祀っていた神社が見えてくるが、現在は神道の木之花咲耶毘売命《このはなさくやひめのみこと》が神体とされている〔北口本宮《ほんぐう》冨士浅間《せんげん》神社〕。登拝者はここで神官から富士山登頂の成就を示す通行証〔お札《ふだ》〕を受け取る。本堂の裏手左右に太陽と月を讃えた二つの小さな社殿が建っている。参道には石の灯籠が並ぶが、その中には荒れ果てた様子のものもある。* 入り口の門はかつて忿怒の形相をした仁王様という仏像が安置されていたものの、王政復古の政府による神道純粋化政策の実施以来その壁龕《へきがん》は空になっている。境内の中央に巨大な赤い「鳥居」が立つが、その形や色からいまだ仏教の影響を窺い知ることができる。実際この神社は富士の山頂に続く道の入り口に立つ白木の小さな鳥居を除くすべてが仏教様式なのである。

神社の階段の前面にある二つのすばらしい青銅像は「天犬」と呼ばれ、片方の雄の像は額に一本の角を持っている。それらに関する記録によると一七三〇年にさかのぼる。また竜の形をした赤と緑に彩色された見事な青銅像があり、その口から清水が噴き出し大きな石の水盤に流れ込んでいるが、信者は参拝の前に自らを浄めるために指をその神水でそそいで穢れを落とさなければならない。この神社の創設者は桓武天皇(在位七八一〜八〇六年)と光孝天皇(在位八八四〜八八七年)であった。その他の注目に値するものは信濃の諏訪の神々が祀られている御堂〔諏訪神社で、浅間神社の摂社〕と、前述の女神が使用したとされる白い木馬である。しかしこの神馬はまたこの地区の人々が「御蚕様《おこさま》」(若い貴紳)と呼ぶ蚕の守神ともみなされている。

*北口本宮冨士浅間神社と神仏分離――明治初めまで同社は浅間大菩薩を祀る神仏習合の寺社であったが、分離後は仏称の浅間大菩薩を名乗ることを廃し富士嶽社と呼ばれるに至る。このとき、仁王門や鐘楼などが破却され仁王像は焼かれ、多くの桐灯籠、石灯籠が破壊された。明治四十三年(一九一〇)に旧に復し浅間神社と称されるようになった。

吉田の町の本通りを三分の二ほど下りたところで船津へ向かう道が左に分岐して、富士の斜面を緩やかに下降し火山岩や溶岩の上についた山道をたどる。赤坂という小屋の散在する場所で、右を行くと新倉《あらくら》で左へ行くと鳴沢《なるさわ》に通じる十字路を通過する。道はその後富士山麓に広がる荒地にのび、船津にたどり着くと左に折れ河口湖の北岸〔南岸と思われる〕に沿って進む。

小立（湖に迫り出す絶壁に建つ妙法寺はすばらしい宿を提供してくれる）は、二、三日滞在する場所として大いに薦められる。湖を巡るために舟を雇うことができる上に、また御坂峠や近隣その他の場所に遠出するのに便利なところなのである。そこから先のルートは、勝山の集落を越え湖の頭部を迂回して、長浜の集落を出てすぐ左に折れ鳥居坂を越えて西ノ湖に出る。

西ノ湖の宿泊施設は乏しい。峠の頂にある窪地からは西ノ湖と河口湖の両方が画趣に富む小さな弁天島とともに美しく眺められる。窪地の右手にある高くなった場所からは信州の境界にある白根ケ岳の遠景が望める。根場（旅宿はない）へ続く道は湖の北岸に沿う魅力的なもので、水際に急降下する樹木の茂る斜面を曲折しながら回り込んでいく。無数の小さな入り江や、湾曲する度に現れる岬はまことに画のようで、すぐ近くの対岸の樹木が豊かな山上から顔をのぞかせる、三角形の富士山の姿がこの風景に美しさを加えている。深い紺碧の色を呈する湖は百尋《ひろ》〔約一八〇メートル〕の水深を持つといわれている。魚は豊富で、三月から十月にかけて「鯉」、「鮒」、「鯰」がとれる。根場へ向かう道を行く代わりに舟を利用することも可能で、距離は三十五町、料金はおよそ三十銭である。

西ノ湖から精進を経由する周回路を避けて直接本栖に向かう代替路もある。しかし、時間に余裕がない旅行者は別としてこの経路はあまり薦められない。精進村の位置する湖畔をとりまく美しい風景を見逃すことになるからだ。この近道を選ぶ場合、西ノ湖の南岸に位置する阿波《アワ》へ向かう舟を利用し、竜頭浄土という洞穴を訪れるとよい(十八町)。洞穴は二つあり、小さい方の入り口はせまい穴に過ぎないが、五〇ヤードの長さの地下道が下に向かっており内部には大きな氷塊が見られる。しかし大きい方のそれはもっと外気にさらされており氷はほとんどない。この洞穴から得られる氷は夏の数ヵ月間西ノ湖で売られる。この洞穴から本栖まで(三里)の徒歩は風景はやや単調だが軽快で、山道はほぼ森を抜け地表を横切る。

根場を過ぎるとすぐに道は分岐し、右は精進へ左は本栖へ(二里)と続いている。精進へ向かう道の大半は非常に険しく下生えのはびこる箇所が多く、時折、溶岩の丸石がころがっている。赤池という小さな池を通過してまもなく、その北岸にある精進村から名をとった湖が見えてきて、山道は少しばかりそのほとりに沿って続くとやがて精進(山田《ヤマダ》浩作《コウサク》の家に宿泊設備あり)にたどり着く。

黒々とした岩礁が続く精進湖

富士山麓の樹海に覆われた溶岩流の最北端部から続く低い「岩礁」が湖の南域に出現しているために、精進湖は珍奇な様相を呈している。溶岩流は、かつては今よりずっと広かったに違いない湖面を埋めている。これらの黒々とした岩礁と南東部の黒い湖岸は、湖の他の白っぽい岸辺や草木の濃い緑色と好対照をなしている。精進を発するとまもなく最も美しい風景が得られる。というのも富士の壮大な全景が加えられるからだ。精進湖と西ノ湖は本来一つの湖だったが、八五九年の噴火の際に噴出した火山灰によって二つに分かれたといわれている。精進から道は湖岸をたどりやがて南端に至ると、山を覆う森の中を起伏しながら続く。その山の反対側に本栖湖がひっそりと水をたたえている一方で、左手には前述の溶岩流の地盤を覆う幅の広い樹海がのびており、数マイルにわたって富士山麓の斜面を覆っている。本栖湖の周囲はおよそ四里である。本栖湖と精進湖には「鯉」や「鮒」がいる。本栖湖では三月と四月に「アカハナ」「シロコ」「ヤマコ」も獲れる。

本栖村（〔通運〕会社の宿泊設備は貧しい）を通過した後、山道は美しい森の中を曲折し富士山麓の草深い斜面を上昇する。頂上から背後を振り返ると本栖湖の大変美しい風景が眺められ、また晴れた日には真西に白根ケ岳の一部が見られる。

根原（吉川勘平《ヨシカワカンペイ》の家に貧しいが宿をとれる）へ向かう道は全般的に草が茂る丘の間にのびておりそのために視界がふさがれる。この森の中にたたずむ寒村の背後には山並みがのびておりその主峰は村のすぐ後側の根原ケ岳と左方の一際高い天神ケ岳〔この二つの山は根原の西方に連なる竜ケ岳、雨ケ岳などを指すと思われる〕である。山道は富士の草深い斜面を横切って続きほぼ平坦なまま人穴《ひとあな》（旅宿、河西宗十郎《カサイソウジユウロウ》経営の板屋《イタヤ》、赤池勉一郎《アカイケベンイチロウ》経営の大屋《オオヤ》）に至る。

人穴はその近隣に珍しい洞穴があることに由来するところで、集落の手前で左に折れひと登りの階段を上がって木立に向かうとその入り口に至る。しかしながら洞穴を探検するには事前に松明《たいまつ》を用意し、案内人一人をつける必要がありどちらも旅宿で調達できる。洞穴の最長距離はおよそ二五〇ヤードで、幅は最も広いところでも二四フィートしかなく、高さは六、七フィートから一〇フィートまでさまざまで、入り口の幅はおよそ九フィートである。二、三段下りると底部に達するが、ここでは深い泥の水たまりに置かれた細い板切れの上を歩くことが多いので足場を注意して選ばなければならない。最奥部では天井がだんだん低くなり最後にはほとんど這わなければならなくなり、硬い岩で構成されているこの付近の足元は水深二フィートの水に覆われている。水は刺すように冷たいが信心深い登拝者は、終端部にある突き出た岩上に安置された小さな観音像に祈りを捧げるためにその中を徒渉することを厭わない。

上井出（旅宿、街路中央部の左側に大隅《オオスミ》屋と富士屋《フジヤ》）の近隣には白糸の滝*と呼ばれる美しい流水の一団があり上井出村の入り口で右に折れる道をたどるのが一番よい。数町先で芝川を越えて左の横道に逸れると「ねんねん淵*」だがこれは芝川が数ヤード下流で形成する見事な滝で一見の価値がある。落差は実に一〇〇フィート、幅はおよそ三〇フィートあり、下部の黒々とした滝壺に水を落としている。その岩壁の随所に見られる裂け目からは他にも数本の細い水の筋が出ている。山道に戻り白糸の滝を形成する川を徒渉して少し進み峡谷の樹木が茂る側を降下すると、にわかに最も美しく画趣に富む風景が出現する。すなわち大きな半円形のすり鉢状の滝壺の中心に約八五フィートの落差を持つ二条の美しい滝――一方は幅約一二フィートで太く、もう一方は極めてうすく透けて見える水の層――が落下しており前者は男滝、後者は女滝と呼ばれる。そしてそそり立つ絶壁のすべての周囲にわたって岩の無数の裂け目や上部の樹木などの下からとりどりの姿と大小さまざまの形で流下する一連の美しい滝が取り巻いている。中には銀糸をたらした様に似て魅力的な印象を醸し出している滝もある。比較的大きな滝は全部で四十八本だ。滝が落下するこの滝壺から流れる川は白糸川といい少し先で左側の大きな芝川と合流する。川には鱒の一種である「ヤマメ」が豊富に見られ、釣りを楽しむことができるのでこの美しい土地の周辺に二、三日滞在する魅力があるだろう。近くの小さな集落である原の裕福な農家、渡辺藤三郎《ワタナベトウザブロウ》か渡辺《ワタナベ》兵庫《ヒョウゴ》の家によい宿泊設備がある。

＊ねんねん淵と白糸の滝――ねんねん淵の滝は芝川本流にかかる高さ約二〇メートルの豪壮な音止の滝で、静的な白糸の滝に比して男性的である。音止の滝の西約二〇〇メートルの白糸川にかかる瀑布が白糸の滝で、白糸川の流水が落ちる主瀑と、幅一二〇メートルにも及ぶ垂直壁から玉すだれ（銀糸）状に落下する幾条もの滝とからなる。

この近隣のもう一つの美しい熊久保滝もまた一見の価値がある。原の集落を経て十八町降下すると熊久保村に入り、そこからわずかに離れたところにこの滝が見られる。至近距離からよい眺めを得るのは難しく、熊久保から山道を通って左手に戻った方がよい。この道は八町進むと芝川にかかる橋を渡りさらに十町先で上井出の下手の入り口に至る。村山へ向かうには北山と山宮の集落を通るのだが、このあたりは曲折する小道が多く見つけるのが難しいので案内人を付けることをお奨めする。

村山から山道は起伏に富んだ草深い荒地を横切り勢子辻（貧相な茶屋が一軒ある）と十里木（見劣りのする茶屋が二軒ある）へ続くが、どちらも甚だしく貧しい集落だ。道はここにきて愛鷹山の北麓にある森を抜け須山の半里上方の荒地にある茶屋の近辺に出る。最後のところでは須山を右に見て通過し荒地を印野から荻原に横切る（旅宿、橘屋《タチバナヤ》）。この二つの村を取り囲むように畠がかなりの範囲にわたって広がっている。須走に向かう道の中ほどに中畑という名で総称されている二、三軒の小屋が集まっているところがあるが、旅行者には宿を提供してくれない。須走方面に向かって一マイルかそこら進むと御殿場から当地に続いている本街道と合流する。

吉田から人穴への直達路

里程		
吉田から	里	町
小田村《オダムラ》	三	
人穴	十一	十二

船津へ向かう途中の赤坂にある一群の小屋のところで左へと進み、鳴沢道をとって分岐点を左に折れると緩やかな登り坂となり富士の低い山麓を覆う松林の中を通った後小田村〔太田和か〕に至る。この集落から次の目標である人穴にかけては人の住んでいる気配が見られず水も得られない。従って水は小田村で補給しておかなければな

らない。山道はここにきて大坂を上昇するが、そこで振り返ると左に精進湖が、そして正面には河口湖が垣間見られる。大坂の頂上で右側の山道を行くと鳴沢村に下りていく（二里五十町）。このあたりでは道は開けた草深い丘を越えてのびているが、そこここが樹木に覆われ、公園のように見える。この付近から望む富士の眺めは瞠目するばかりに美しい。山頂はさまざまで珍しい形に見えるし、大坂の下からもとりわけ注目される。再び人穴へ向かう後半の二里のルートは山の低部を取り巻く森林地帯を抜けるものだ。

吉田から大石峠と芦川渓谷を経て甲府へ

里程	里	町
吉田から		
船津	一	
河口	二	三
大石	三	十一
上芦川	六	十一

鶯宿《おうしゆく》	七	十一
古関《ふるせき》	八	十六
下芦川	九	十六
三帳	十	十六
市川	十二	五
甲府	十五	二十三

このルートでは吉田から船津までと市川から甲府間で「俥」を使うことができる。その中間部では徒歩かまたは荷馬を利用するしかない。ただし船津で舟を雇いすぐ近くの大石まで河口湖を横切ることは可能だ。

旅の最初の段階については富士「山麓の周遊」の項を参照されたい。船津には宿はない。ここでは紡いだ生糸から目の粗い織物である白と彩色された「紬《つむぎ》」が作られている。当地から地下の水道*がおよそ一里ほど山の下を通り湖の余水を桂川へと落としている。

＊新倉《あらくら》掘り抜――河口湖一帯の水害除去と桂川沿いの新倉村（下吉田）の新田開発とを目的として、河口湖東南岸の千畳岩付近から赤坂へ抜ける約四キロメートルのトンネルが掘られた（一八六九年完成）。

しかし流水が細く当初の目的は達成されず用途は廃止されたまま現在に至っている。

船津からははじめのうち美しい湖のほとりを巡り、その後浅川の集落を通過すると河口に到着する。

河口（旅宿、甲州屋《コウシユウヤ》、升屋《マスヤ》）は湖畔から二〇〇ヤード離れてたたずむ貧しい村である。ここから御坂峠を経由する甲府への直達路がまっすぐのびている一方、大石へ向かうそれは左に分岐する。湖岸付近を進むとやがて大石の集落（旅宿、宮川《ミヤガワ》儀《ギ》助《スケ》。長《チヨウ》徳《トク》寺に貧相だが部屋がある）に近づく。

当地を過ぎると道は二つに分かれ、左へ行くと長浜（一里）だが、右へ進み一里ほど谷間の耕作地を登ると大石峠の麓にある小屋に出る。そこで長浜からの近道（三十町）がくちざか〔渕坂か〕を越えて左側に合流してくる。小屋から峠の頂上までは一里といわれているが登りは険しく場所により起伏が激しい。見事な岩の絶壁が右手に迫り出し、頂上付近ではいくつかの巨大な岩石の前を過ぎるが、おそらくこの有様から大石という地名がとられたのであろう。頂上からは富士や河口湖、山中湖の壮大な眺めが得られる。北方には甲府平野とそれを取り囲む山々、すなわち金峰山、八ケ岳、駒ケ岳、鳳凰山、白根の展望が見られる。下山は大石側からの登りにくらべると険しくはなく危険でもないが深い森を抜けていくので、時折遠景が垣間見られる以外はほとんど見通しが利かない。

上芦川（下村《シモムラ》善吉《ゼンキチ》の旅宿、貧相）のあたりでようやく山々のよい眺めが戻ってくる。ここで芦川渓谷（富士川の支流）を下降し、沢の右岸に沿って進んでいくと貧しい古関村に近づき、左岸に移る。渓谷の風景はまことに画趣に富み、鶯宿の集落を過ぎると川は松をいただく岩壁の間を流れる。

古関とは川岸に沿ってある程度の隔たりで並ぶ集落を総称している。その最初に目にする集落が上古関（吉田《キッタ》佐《サ》一《ヒチ》の旅宿、貧相）で、ここで精進から女坂《おんなざか》を越えてくる山道が左側で合流する。集落の先で山道は再び川の右岸に移る。その後深く樹木が茂る山に沿った豊かに耕作された谷の畠を抜けて下る。下古関を過ぎた後道は分岐し、左を行くと谷の下部で川の両岸に沿って続く下芦川村へ向かう。右を行くと山腹を右手に登り、かしまざか〔迦葉坂《かしようざか》か〕を越えて三里三十三町で甲府へと向かう。

登りは距離にして一里ではじめは非常に険しく山道は石が多くて狭いが一方高いところでは緩やかな傾斜となる。このような土地にまで地租が課せられる結果、段々畠の耕作地が山上の非常に高所まで続いていることが注目される。かしまざか（右左口《うばくち》峠）の頂上を通過してまもなく山が取り巻く甲府平野が見えてきて、甲府の町自体も四里のまっすぐにのびる白っぽい道の尽きるところに小さくうかがえる。この道は風景に奇妙な人為的な色彩を加えている。山道は右左口の集落にちなむ名を持つ小川をたどって下っていく。

右左口（田《タ》中《ナカ》伝《デン》右衛門《エモン》経営の旅宿）を過ぎると、笛吹川の岸に沿って一里歩き、そこからは甲府への道（かしまざかの頂上から見えた白い道）が、水平とはいえないがまっすぐでほぼ平坦にのびている。

下芦川の下流部で魅力的な岩山の風景の中を二里ほど下降する。山道は川岸近くを離れず、しばしば橋を渡って対岸に移る。その後渓谷としての画趣は失われていき樹木のない草の茂る山が道の脇に続き、やがて富士川の上流部の広い渓谷に入る。ここで正面にいくつかの山々のよい眺めが得られる。前面付近に立つ黒い山塊は鳳凰山と地蔵岳で、鳳凰山はその頂上で尖った岩が堆積している様子から区別が付く。その左手の、こちら側の峰の向こうに白根ケ岳の一部が見える。右側に突き出た山は八ケ岳である。道はここから平野へ向かって下降し、魅力的な宿泊用の部屋をとることができる薬王寺を右に通り過ぎる。

こうして芦川の両岸に位置するかなり大きな市川の町に至る。道は川の北側の郊外に入り、ここで甲府へ急ぎたい場合は、川を渡って町の中心部へ向かう代わりに右に折れるとよい。橋の所で「俥」を雇うことができる。

富士川下りの舟がこの川を渡って町の南端部より十町下流で調達することが可能だ。あるいはこの地点で富士川を越えて谷を半里ほど進み甲府からの本街道が合流する青柳村まで行くと鰍沢《かじかざわ》に向かうこともできる〔富士川下りの舟は黒沢（市川大門町＝現・市川美郷町）、青柳（増穂町＝現・富士川町）、鰍沢（鰍沢町＝現・富士川町）の三河岸から出ていた〕。

市川から甲府への道は平野をまっすぐに横切り笛吹川を渡り、河西《かさい》の集落で鰍沢からのルートと合流する。

人穴から身延へ

里程	里	町
人穴から		
猪之頭		二十五
はした峠（頂上）	三	
湯之奥	五	
下部温泉	五	二十八

波高島渡し舟場	六	二十二
福居	六	三十二
身延	七	二十四

このルートでは「俥」を利用できる区間はなく、峠にかかると馬も牛も通行できない。距離は徒歩に要する時間から測定されたものなのでおよその数値に過ぎない。この区間は楽に一日でこなせるもので、昼に出発したとしてもその夜のうちに難なく下部に到着できる。通常の場合、人穴から湯之奥まで人夫を雇い、その後人夫を変えて波高島渡し舟場へと向かうのが最良といえよう。昼に出発する場合は下部まで人夫を変えずに向かう方がよい。山道は大屋《オオヤ》旅館の脇で逸れ、森を越え荒地を横切ると三十分で芝川沿いの猪之頭に至る。さらに三十分で端下《ハシタ》峠の麓に着く。しばらくの間は右岸の牧草地の間を進み、その後川を渡り左岸の森の中を登る。道は狭く草深いがすぐに見つかる。峠の麓から頂上までの一時間半は三貫目の荷物を運ぶ人夫にとってはかなりこたえる。頂上からは眺望が得られず休憩する茶屋もない。反対側への下降ははじめのうち急でその後約一時間は川筋をたどるが、そこでは随所に花崗岩の丸石の上に石を小さく積み重ねて置いてあり、山道のありかを示している。川を離れて山腹に

ついた山道を、見事なブナの森を抜けて進みしばらく緩やかに上昇していくと、やがて壮大で樹木の深い地峡の脇に出る。その底部に沿って奔流が岩の上をほとばしり流れる音が聞こえるが、樹木によって完全に隠されていて見えない。まもなく山道は下降し始め、湯の奥の集落が視界に入ってくる。道は集落に向かって急激なジグザグの下り坂となり、当地に入る直前で右側の支流を渡る。峠の頂上から二時間である。ここには旅人のための宿はない。

山道はここにきて、時に川床を時にその上部を進み谷を下って狭い地峡にたたずむ下部（旅宿、大森屋《オオモリヤ》と若干の温泉場）に向かう。温泉は共同浴場で見たところ、あまり興味を引かない。この地では人夫の賃金に法外な料金を請求するので注意が必要だ。谷を下降して富士川を越える渡し舟場へ向かうまでに川を何度か徒渉しなければならず、道はほとんど石のごろごろした川床の上にある。

波高島渡し舟場で舟を雇って、必要ならば川を岩淵まで下ることができる。乗合舟だと一人当たりの料金は五十銭である。舟で福居に渡りそこから身延まで歩くかわりに、巡礼者が聖地へ向かう際の河岸である波木井まで舟を利用する方が便利である。

富士下山後の復路

須走口からの復路

（a）酒匂《さかわ》川渓谷経由で須走から小田原へ「富士から大山への登拝者の使うルート」
（b）御殿場経由で乙女峠を越えて宮ノ下へ
（c）御殿場経由で乙女峠を越えて箱根へ
（d）御殿場経由で長尾峠を越えて箱根へ

（a）酒匂川渓谷経由で須走から小田原へ

里程

須走から	里	町
小山《おやま》	三	十八
谷ケ《やが》	四	二十七

永安橋《えいあん》（平山）	五	十五
塚原	八	九
小田原	十	九

須走の低地の端部から発してまっすぐの道をたどり（右の道は御殿場に向かう）耕作された高台を約一マイル横切り、その丘を下降して火山性の黒い砂地と岩滓の層に深い溝を刻んで流れる沢の川床へと向かう。しばらく左岸をたどると標柱の立つ場所に至り、そこで道が分岐する。右は橋を通過し平野を横切って足柄峠の麓にある竹の下に向かう。一方左は引き続き左岸をたどり部分的に鍬の入った荒地をまっすぐに金時山方向にのび用沢村を通過し阿多野に至る。この付近ではじめて相当程度の広がりを持つ農耕地帯を目にする。ここで道は左に折れ本通りを進み、おもに田が広がる灌漑の行き届いた高台を横切る。この地は深い地峡の底部を流れ、前方で合流している二つの川の中間に位置している。酒匂川ははっきりとした山の窪みを流れ、およそ阿多野の一マイル先で広大な流域の端部に出る。その底部は豊かに耕作され小屋が散在している。曲折する山道を急降下し菅《すげ》村を通過すると数分で前述の合流地点である落合にたどり着き、合流して酒匂川となる。その直後に橋で川を越え（富士の見事な眺

めが得られる）小山の集落に入る。

小山（旅宿、☆丸屋《マルヤ》）で道は丘を蛇行する川をたどり谷ケ（旅宿、吾妻屋《アズマヤ》）を通過して谷を下る非常に美しい徒歩の行程が続く。いくつかの地点で路傍に堆積した火山灰の厚い層や礫岩の塊を目にするだろう。また富士の眺めは非常に美しい。

永安橋または平山（旅宿、藤屋《フジヤ》、橋本屋《ハシモトヤ》、高橋屋《タカハシヤ》。高橋屋には酒匂川を望見できるよい部屋がある）では川の魅力的な景色を楽しめるとともに付近の急流で筏《いかだ》流しを見ることができる。

ここで富士から大山に向かう登拝者用のルートは橋を渡り、次のように続く。

里程		
永安橋から	里	町
山北		十八
松田	二	十八
曲松《まがりまつ》	三	三十四
田原	四	三十四

蓑毛（大山）　　五　二十八

山北で道は酒匂川を離れ野趣に欠けるところはあるもののそれでも景色は非常に美しい。川にはまた「アイ〔鮎《あゆ》〕」や「ハヤ」が豊富で竿でも釣ることができる。また先の尖った籠を急流に仕掛けておいても獲ることができる。山北の少し先で道は分岐し、右に行くと小田原の開けた谷に下りていき、左は松田村に通じ、小川が流れる谷を登って沓掛茶屋のたたずむ心地よい場所に至る。すぐ先の山の頂上からは、尊仏《そんぶつ》山、丹沢山、菩提《ぼだい》山、そしてずっと右手にある大山を含む丹沢連山の全景が望める。大山は見たところその他の山並みからは独立してそびえているようだ。二、三軒の茶屋がある曲松で大山に向かう道が左に折れ、田原を通過して、山麓にある小さな蓑毛の集落に至る。

横浜へ向かう場合は曲松からそのまま耕作された平野を横切り曾屋《そや》（またの名を十日市場〔秦野〕という。旅宿、村田屋《ムラタヤ》、田中屋《タナカヤ》）に進むとよい。ここは清潔でこぢんまりしているがにぎやかな町で、「俥《ちょうご》」を調達できる。当地から横浜への復路としては、伊勢原を経由して平野を横切り長後に向かい柏尾《かしお》で東海道に入るか、東海道に直接出るかの選択ができる。東海道へは新平塚に続く道か馬入《ばにゅう》渡し舟場付近の八幡神社の境内を通る道（距離にして三里半または八マイル半）のいずれかを行くとぶつかる。

以上のルートは富士の徒歩旅行者にお奨めできる。

小田原道は永安橋で右に折れ山裾を巡り内山、斑目《まだらめ》、怒田《ぬだ》、押切《おつきり》（和田川の一部）を通過して塚原（旅宿、魚屋《サカナヤ》）へ至る。内山は風が当たらない場所に位置しているのでミカンがよく育ち、当地ではこの果樹はかなりの大きさにまで生長する。斑目付近では駿河紙の材料となる灌木のミツマタが栽培されている。この村で道は川と離れまっすぐに谷を下りていく。塚原で「俥」を雇うことが可能で、車庫がある場所よりも先まで、すなわち内山や、永安橋から数町以内まで谷を楽に登ることができる。小田原へ入る道は城の近くを通り旅宿の並ぶ本通りへと進んでいく。

吉田口からの復路

（e）山中経由で小田原へ
（f）山中経由で大山へ
（g）山中経由で宮ケ瀬、厚木、藤沢（長後）へ

（h）甲州街道を大月へ
（i）御坂峠経由で甲府へ
（j）大石峠経由で市川と甲府へ、または市川から舟で富士川を下り東海道へ（「山麓の周遊」参照）
（k）精進湖経由でかしまざかを越え直接甲府へ（「山麓の周遊」参照）
（l）山麓に続く湖を経由して人穴、上井出、吊り橋へ向かい、舟で富士川を下り東海道へ（「山麓の周遊」参照）
（m）人穴から身延へ（「山麓の周遊」参照）
（n）上井出で滝へ向かい、そこから大宮へ、そして東海道へ（「山麓の周遊」参照。上井出から大宮までは約二里半）
（e）山中経由で小田原へ

里程

吉田から	里	町
山中	二	八

平野	三十二
上野	五十六
小山	六十六

須走から小田原へ向かう道に合流する地点については前述を参照されたい。

吉田から道は荒地を横切り山中へ向かい、山中湖の北岸に沿って平野村（旅宿、羽《ハ》目田《メダ》屋《ヤ》）へ入り、現在は明神峠という名で知られている二十町の楽な登り坂を越え、上野の集落へと下りる。下りの後半部分で広大な富士山麓の美しい眺めが得られる。その向こうに駿河と相模を分ける尾根が連なり、なかでも左方の矢倉山と金時山がひときわ目立つ。その背後に宮ノ下渓谷の上にそびえる金山〔箱根外輪山の一峰か〕が見える。峠の麓近くに右に向かう山道があり二里で須走となる。上野から山道は御殿場を越えるがその距離もまた二里である。左の道を選び上野の集落に向かうと、いくつかの草深い斜面を越えやがてすずがわ〔須川か〕の渓谷へと下りていく。そこで落合の集落に入る前に山道が左に分岐して柳島と金輪《カナワ》に続いており、そこから丹沢山へ行くことができる。落合の先で道は酒匂川渓谷に入り川を越えて右岸を下降し小山へと向かう。

（f）山中経由で大山へ

小山までは前述の通り。その後のルートは七二頁を参照されたい。

（g）山中経由で宮ケ瀬、厚木、藤沢（長後）へ

山中を経由し次のような経路で宮ケ瀬、厚木、藤沢へ向かう。

里程

山中から	里	町
平野	一	四
白井平	三	二十二
神地《かんじ》	五	四
小善地《こぜんじ》	六	二十二
久保	七	二十二
青根	九	二十二
長野	十一	二十二
青野原	十二	四
鳥屋《とや》	十三	二十二

落合	十四	四
宮ケ瀬	十五	二十二

このルートは徒歩旅行者のみに適しており、足手まといになる多くの荷物は携帯しない方がよい。荷物持ちの調達は常に困難であり、女性は家事に従事し、冬期には多くの男性は猟に出てしまうのである。当地では人が荷物を運ぶときに木の枠が工夫され、その大きさに応じて「痩せ馬」*あるいは「背負い梯子」（荷物運搬用梯子）と呼ばれ、ナップサックのように背中に縛り付けて利用されている。近隣では狩猟用動物が多く棲息し、農夫に混じって猟師の一行も見受けられ、冬期の間熊や鹿や猪などを追いかける。熊を相手とする場合は、通常雪の上に印された足跡をたどって巣穴を見つけ出し、その後さまざまな手段で苦しめる。たとえば隠れ穴の入り口に雪で蓋をし、熊が苦しまぎれに顔を出し火縄銃の的となるまで待つのである。熊は刺激されない限り人を襲うことはないといわれ、事情はこの付近にわずかに棲んでいる狼〔山犬か〕にもいえることだ。

*道志の痩せ馬――道志村では背負子《しょいこ》のことを「痩せ馬」と称している。長さ約四尺、下巾約八寸程度の木の枠組みで、伐採や農耕などに便利な荷かつぎ用具である。比重の大きい荷物を容易に上部に取り付

けてパックできるので荷の重心が背の上部に位置し背負いやすい。

この区間での旅宿はまことに貧相で、ほとんどの場合農家が提供する貧しい小屋くらいしかない。たまに村長の家の部屋を宿とすることができるが、小善地で一泊するのが最良である。道は山中湖の北岸をたどり長池の集落を過ぎると平野村でここから山伏峠の原野を越えてのびるが、登りは非常に楽である。平野から距離にして四十六町の頂上はこの地方でよく見られる奇妙な形をした鋭い峰である。峠の両側とも濃い森林に覆われているために視界がきかない。四、五軒の小屋からなる廃《すた》れた集落、長又へは道志川に沿って続く深い森林を抜けて下降する。川筋はいまや青野原まで谷をたどって流下し、この間山道は大変画趣に富む風景の中を通り抜け、激しく起伏を繰り返しつつ、深い地峡を曲がりくねりながら谷の両岸に続いており、数ヵ所で対岸に移ってはまた渡りかえす。久保で荷物持ちを交替する必要があるがそのまま青根に向かう区間がこのルートの中で最も風景が美しい部分である。青根村を過ぎると山道はかなりの高みにまで上昇し小仏峠を含むいくつかの山々の眺めが見事だ。

青野原で川を離れて右に折れる〔道志川流域から中津川流域へと移る〕。道志川はさらに先の甲州街道沿いの小原よりやや下方へと進み桂川に合流する。三十分登ると尾根の頂上に至り、大山の眺めが得られるとともに青根山の背後にある尾根もまた右手に見られる。窪地に長く続く村、鳥屋《とや》を過ぎると山道は二本の川が合流する落合に向かって急降下し、その後橋を渡りさらに少し先で二叉路に出合うので、ここで宮ケ瀬に向かう経路を選択できる。上方の分岐道の方がまっすぐに行けるのだがやや険しいので宮ケ瀬橋が洪水で押し流されたとき以外は使われない。左へ向かう分かれ道がより安全で川岸を対岸に移り、また戻って村への最後の登りへと入っていく。

宮ケ瀬から横浜へ戻るには通常は煤ケ谷、厚木を経て、東海道を通る。しかしここから四里の小倉までたどり、そこで舟を雇って馬入《ばにゅう》まで下るともっと楽しい旅となるだろう。宮ケ瀬からおよそ一里で青野原道から右に逸れる山道は長竹へ通じるが、ここには壮大なスギの森がありそれに囲まれて神社が建っている。そこから根小屋というクワが植栽されている平らな台地が広がっている。道はここで直角に山道と交わるが、甲州街道沿いの吉野の対岸の勝瀬村へと続く。小倉に至る直前で馬入川の対岸の魅力的な飾り模様に似た景色が、ほとんど樹木に埋もれた大島村とともに見られる。

小倉の渡しから厚木までは平凡な環境の中を三時間かかる。舟の大きさは二種類あって、大きい方は「高瀬舟」というのだが、三人の船頭が乗り込み料金は二円五十銭だ。川下りの途中に見られる風景は心地よく、川は最初そそり立つ絶壁の間を縫って流れている。絶壁は竹やモミその他さまざまな常緑樹、落葉樹で覆われており、中でもカエデは秋になると鮮やかな深紅に色づき目をひく。田名で左岸の絶壁が姿を消し、厚木に至るまでに川は徐々に平野部へと入っていく。厚木から藤沢への直達路（四里）が原野を横切っているが、「俥」は利用できない。

（h）甲州街道を大月へ

吉田から東京へ向かうには大月（大橋）で甲州街道に入り約二日で到達する。道中を通して「俥」が通っている。次に里程を掲げる。

上吉田から	里	町
下吉田		十八
新倉《あらくら》		
上暮地《かみくれち》	一	十八
小沼	二	三
十日市場	三	七
谷村《ヤムラ》	三	二十五
四日市場	四	七
田野倉	五	十

道は桂川渓谷を溶岩流に沿って下る。溶岩が風化作用や農夫の努力によって次第に開墾可能な土壌へと変化していく様を観察すると面白い。小沼での旅宿は稲葉屋《イナバヤ》だ。十日市場で道は橋を越え右岸に移るが、川はここで美しい滝（田原の滝）を形成する。繁栄しつつある谷村（旅宿、島屋《シマヤ》、土屋《ツチヤ》）の町を過ぎると、右に山道が分岐し雛鶴峠を越えて原の集落に続き、秋山川の渓谷へ下りたち青根村で山中から宮ケ瀬へ向かう道に合流する。

村山口からの復路

上井出の滝、「吊り橋」へと向かい富士川を東海道へ下る（「山麓の周遊」参照）。あるいは簡単に大宮経由で東海道へ向かう（前記、「村山口からの登山」を参照）。

須山口からの復路

（o）深良峠を越えて箱根へ向かい、舟で湖をたどる。
（p）または、長尾峠を越えて須山から箱根へ向かい、舟で湖をたどる。

（q）または、十里木、勢子辻《せこつじ》から東海道の吉原へ。須山まで下らず、須山の半里ほど上方にある小屋のところで右に折れる。この小屋からのおおまかな里程を次に示す。

	里	町
十里木	一	二
勢子辻	二	五
今宮	四	九
吉原	五	十

ディキンズと富士山へ　一八七七年

七月二十八日　須山口から山頂へ

ディキンズと私は今朝十一時に出発した。湖尻《うみじり》まで乗せていってくれる舟を捕まえることができないので当初計画していた須走《すばしり》へ向かうコースを変更し須山をめざすことにした。チンは体調が思わしくなく疲労の回復が見込めないので後に残った。箱根峠の西側の頂上で山道は右に曲がり湖の西側の裾をぐるりと回り、しばらくの間山の稜線に沿って歩き続ける。霧がとても濃いためにいつ湖が視界から消えたのか気が付かなかった。二時間歩き続けた後、下り始めた。ここには家畜の放牧に適しているよい牧草地がふんだんにあり、案内人は農民が肥料用に草を刈り取っていくのだと教えてくれた。下るにつれて霧は晴れていき三島やその先の伊豆の山々と海を見分けられるようになったが、富士は全く見えなかった。

私たちが下り立った渓谷は美しい樹木が茂りよく耕作され、小屋がたくさん見られたところでそこの佐野という集落に三時に到着して通りの反対側のはずれにある小さな宿で昼食をとった。四時に再び出発した。よい道の中を一時間で路傍にある地蔵様の御堂に来た。このあたりには落葉性の美しい森がある。道は寺を通り越して右に曲がり引き続き登りが続く。山道の左側は棚と呼ばれている荒々しい岩の緩斜面を越えて黒い水路を水が勢いよく流下していく。

六時三十分に須山に到着し渡辺《ワタナベ》という宿屋に泊まった。当地の宿の主人たちは順番に外国人を受け入れることを取り決めており公平に扱うことを保証した。すばらしいことだ。ミツマタに似た紙の原料となる低木の茂みがたくさん見られた。案内人はカンド、カンズというがおそらくコーズ〔楮《こうぞ》〕だと思う。佐野をいくらか出たあたりからずっと雨がついて回ったが少しばかりの花を採集する支障にはならなかった。

七月二十九日

荷馬に乗って六時四十分須山を出発。山道は約二時間草深い湿地の中にのびていて、きわめて緩やかに愛鷹山《あしたかやま》を左手後方に見ながら登っていった。大量のギボウシ、オグルマと呼ばれるキク科の植物、タカトウダイ、もう一つトラノオにとても似ている植物を目にした。最初のうち富士のすばらしい眺めが得られ、朝の太陽が赤い焼石群に射し込み燃えているように見えたが、まもなく霧のために頂が隠れ、やがて中央部も見えなくなった。宝永山《ほうえいざん》はただの砂山に過ぎないように見える。須山から二里でちょうど富士の裾野を覆う森の中に昨夜泊まった場所から一一〇〇フィート上方に位置する駒返《こまがえし》という小屋があった。

森の中を一合目に向けて馬で進んだ。登りが続き二合目に着く少し手前になってようやく森を抜け出した。二合目はほとんど樹木のない山脚の上にある。ここで四、五種類の植物を採取し、遠山と荷物持ちの人夫を後に残して三合目に向けて進んだ。途中宝永山に登るかどうか思案したが箱根から連れてきた男の言うには、その山には八合目から下りていくしか方法がないとのことだった。しかし、ガイドブックによれば、そこへは六合目の下部から道を逸れていくとなっていて、それは三合目から行くよりも楽なように思えた。この三合目ではいくらかのホタルブクロ、小型のキク科の一種、大きいアザミのようなサントリソウそれにミチヤナギくらいしか見られなかった。ミチヤナギはその後八合目まで登っていく途中でもたびたび目にした。

三合目の、弁当を食べた場所は二《ふた》ツ塚という二つの小丘の最奥部の反対側で、その下方に当たる。まもなく背後から霧が押し寄せてきて、登っていく私たちにしばらくの間付いて回った。霧はどこまでも続いているように見えたが、時折できる切れ間からはるか下方にある緑の草地や、私たちが苦労して登っている上部の次の小屋を垣間見ることができた。ここには植物が全く見当たらない。辛うじて見られたのは、小屋の風雨の当たらない隙間に生えていた苔くらいだ。小屋には一時に着いた。さらに三十分霧の中を富士の円錐形の山腹を進むと、五合目にたどり着く。ここには十日前からつめている人がいて、あと四十五日はいるという。ここでは山道は依然として粒の粗い砂に大きめの石ころが混じっている。二時半に六合目に着く。そこでは山腹を一周する山道（御中道《おちゅうどう》）が登り坂と交差している。この最後の登りとなる六合目までの間にはたくさんのミチヤナギが見られた。

石の上に時計を落としてしまい、時計の転輪の心棒を壊してしまった。その後まもなく御中道を回る巡礼者の一行が、宝永山と富士をつなぐ尾根の上に姿を現したのを見て私は箱根の男を非難したが、彼はかたくなに弁解していた。宝永山は実のところ噴火口がなく、多少岩の突き出た部分もあるがただの砂山と変わるところはないので、どうしても登らなければならないほどの価値はない。七合目では気圧計の目盛りは二一インチ、約九九〇〇フィート以下の表示だった。

最後の八合目には四時二十分に到着しそこで数分間休憩した。私の小型のアネロイド気圧計から推定すると、高度は一万六〇〇〇フィートもあった。登りの最後の方でかたまって生えている草や小さな白い星形の花（サギナ？）を目にした。またミチヤナギも少々見られた。この最後の八合目までの登りには一時間半近くかかったが、その大部分は頂上の二つの峰で費やされた。私たちの行く山道はその二つの峰の間を行くものだった。左右に曲折しながら目の粗い丸い岩屑の上を越えていく。そこには点々と丸石が顔をのぞかせている。空気がかなり希薄になっているので二十四歩進むごとに休みを入れて呼吸した。頂上まで行くのは全く不可能ではないかと思われたがとうとう銀明水がよく見えるようになってきて、ほっとした。

近くに浅間《せんげん》またはアサマ神社と二つの小屋があり、溶岩の粗い塊でよく覆われていて冬の雪から保護されている。私たちはその一つに宿を取り、巡礼者たちから迷惑がられた。というのも彼らは肉を食べたり、髪にポマードをつける人間とは同宿しないそうで、それを私たちがやっていたのだ。少々蚤《のみ》がいた。夜間の戸外の気温は三十六度にまで下がった。

一合目　九時半　四〇七二フィート
　気圧　二六・〇九　気温　七五・五
二合目　十時五十分
　気圧　二四・八九　気温　七二
三合目　十二時　六七〇五フィート

四合目　気圧　二四・一三　気温　七三
　　　　一時　七六六八フィート
五合目　気圧　二三・八四　気温　六九
　　　　二時　八四四四フィート
六合目　気圧　二三・二一　気温　六六
　　　　二時半　九一二四フィート
七合目　気圧　二一・六八　気温　六四
　　　　三時半　九八四〇フィート
八合目　気圧　二一・一三　気温　六〇
　　　　四時半　一一八〇七フィート
　　　　気圧　――　気温　五八
山頂　　六時
　　　　気圧　一九　気温　五〇
〔気温は華氏表示〕

七月三十日　剣ケ峰と富士八峰

不安な一夜が明け四時に起床しリービッヒ〔ドイツの化学者リービッヒが一八四七

年に開発した牛肉エキス」のスープをつくりそれを飲みながらビスケットを食べた。その後日の出を見ようと意気込んで出発し噴火口の周囲を巡った。噴火口は比較的大きいものだが高さはそれほどではない八つの峰*に囲まれている。巡礼者たちはすでに一番高い剣《けん》ケ峰《みね》に取り掛かっていた。それは太陽の反対側にあり親不知子《おやしらずこ》不知《しらず》といわれる急な傾斜岩石堆の上にそびえている。親不知子不知は太陽が姿を現した地平線上空に浮かぶ紅の雲の反射を受けて、早くも照り輝いている。

　一行の前には噴火口の裂け目が大きく口を開けており、左右両側ともにかなり険しいので転がり落ちてしまえば決して助からないだろう。連続した噴出物によって形作られた層が至るところにはっきりと認められる。その後、雲はさらに紅く輝きを強めているうちに、突如として太陽の上半分が向かい側の山の肩に現れた。巡礼者たちは手の中で数珠を擦り合わせ、大日如来の御化身であるとばかりにとりつかれたように口々に礼拝の言葉を唱えている。第三者から見ればその有様は結局のところ高揚する感情の極致がもたらすものと観察され同感を呼ぶ。太陽がそのすべての姿を現すやいなや全員が岩の上から立ち上がり時折六根清浄《ろつこんしようじよう》、すなわち六つの源を清めると叫びながら噴火口の周囲に沿ってまた進み始めた。私たちもその後をついていった。

　噴火口はどこからも完全に見渡せるようになった。剣ケ峰のすぐ先で山道は頂上そののもの縁を巡っていくのだが、下には巨大ですさまじい峡谷が富士の麓に向かって走っていくのが見える。その後道は外側に逸れ、釈迦の割石《わりいし》を登る。これはカモシカが通るのに実に適した岩山についている道である。そして北側で深淵とその上流のはずれの間に位置する急傾斜面にある、金明水という氷のように冷たい水の湧く泉に下りていく。ここから登りとなり、薬師ケ岳の頂上に達すると噴火口が実にすばらしく眺められる。

その後吉田口から登ってくる山道の最上部を通過し、須走口の巡礼者たちのための鳥居を過ぎ、観音ケ岳の下、噴火口の縁から逸れて、勢至《せいし》ケ窪《くぼ》という窪地を越え、東側の石を積み重ねて地蔵のような形にしたものに覆われている賽《さい》の河原を登り、銀明水に下りて小屋に戻った。この早い時間にぐるりを巡っている間に見た実に注目すべき現象は、西側に位置する霧の出やすい突出した地域の上空に、富士の投じた影が完全なピラミッド形をしていたということだ。人々はそれを影富士という。

七時半に頂上を出発し、吉田口と須走口の経路をたどって下山を始め、八合目からは分岐する須走口を下る。柔らかく粒の大きな砂がすべり落ちてくる中を下るのはとても不快だ。なぜなら砂が後ろから長靴の中に入るからだ。森へ至るまでに六、七度も長靴を脱いで砂を出さなければならなかった。森へ入ると道は固くなる。山道の脇の大量の野イチゴに目を見張った。また、さまざまな興味深い植物に出合った。九時四十五分には砂払という一合目に到着した。別に急いでいたわけではなく、むしろ逆であった。雨が降り出し須走の町の右手にまでのびている壮大な森を通り抜ける間しばらく続いた。

その町に着いたのは十二時半で、ここは昼食をとったり、わけのわからない神を讃える歌を唱えながらとりつかれたように歩いている巡礼者たちでごった返していた。彼らは皆白装束を身に纏い、大きな麦藁の帽子と雨合羽用の蓑を持ち鐘を始終鳴らしている。そうした巡礼者たちの親玉は、偉い人で常に「先達」と呼ばれ、行く先々の宿代はただになる。

しかし、富士の登山者には信者でも巡礼者でもない人たちもいる。私たちが利用した宿（米山新平《ヨネヤマシンペイ》）の向かい側近くに一人の男が二本の長い旗を立てかけていて、彼の大きな祈願は富士に三十三回登山することらしく、旗にはそれを意味することが漢字で記されている。気圧は二六・八五（三〇六〇〔フィート〕）。二時四十三分にまた出発し、かなりよい道を通って、四時五十五分には御殿場へ到着し、そこの大宮《オオミヤ》という宿に泊まった。そこからは天気のよい日には富士の美しい姿を見ることができる。このあたりでは富士は単に「オヤマ」と呼ばれている。気圧は二八（二〇二〇フィート）。宿の人の話では蚊はいないということだったが、それは間違いだ。部屋の中央に据えられた小さな火鉢に蒼朮《そうじゅつ》〔キク科植物のオケラの根を乾燥させた漢方薬〕が少し置かれており、うるさい蚊を追いやる役目を果たしていた。

＊富士山頂の八峰――サトウはこの日頂上の噴火口を囲む八つの峰を巡っている。いわゆるお鉢廻《はちめぐ》り、あるいは外院《がいいん》廻りである（これに対し噴火口の内部を回るのを内院廻りというが、現在は危険なため一部を除いて歩かれていない）。富士山頂を蓮華にたとえその周囲を巡る高所は八葉といわれ、それぞれ仏号を以て呼ばれていた。すなわち『富士山真景之図』（嘉永元年・一八四八年に富士講先達長島庄次郎、行名・泰行、画名・英湖斎泰朝《たいちょう》が吉田口から登山して描いた三十七葉の絵に富士山の解説文を付して出版したもの。大宮市（現・さいたま市大宮区）の神道実行教蔵。昭和六十年に復刻されて名著出版から刊行された）によれば地蔵、阿弥陀、観音、釈迦、弥勒《みろく》、薬師、文殊《もんじゅ》、大日如来の八仏名とされているものの、高所は実際には八つはないと説明されている。度重なる噴火や地震によって噴火口の周辺の地形はかなり変化してきているとみなければならないのだろう。例えば三島岳の下から噴火口に迫り出している虎岩は関東大震災で崩れて今は小型になってしまったといわれている。

　このような仏号にちなんで名付けられていたものはしかしながら明治元年の神仏分離の命令によってほとんど追放されてしまったのだ。その後の山名を追ってみると、剣ケ峰・白山岳・久須志岳・伊豆ケ岳・成就岳《じょうじゅがたけ》・三島岳・駒ケ岳・浅間岳（以上八峰。小島烏水《こじまうすい》の『不二山』明治三十八年刊による）、剣ケ峰・馬ノ背・雷岩《いかずちいわ》・釈迦岳・薬師岳・観音岳・経ケ岳・駒ケ岳（以上八峰。高頭式《たかとうしょく》の『日本山岳志』明治三十九年刊による）、剣ケ峰・白山岳・久須志岳・大日岳・伊豆岳・成就岳・駒ケ岳・三島岳（以上八峰。『登山地図帳・富士山とその附近』昭和三十二年刊による）、剣ケ峰・白山岳・久須志岳・大日岳・伊豆岳・成就岳・三島岳（以上七峰。山と高原地図『富士・富士五湖』一九八九年刊による）

などとなっている。
サトウは山頂で薬師ケ岳や観音ケ岳などという古い仏名の山名を日記に残している。

七月三十一日　乙女峠・仙石原・湖尻

霧の中を八時に出発したがすぐに霧は晴れ田圃の中を四マイルほど進むと、乙女峠の登りが始まる。山道は草深い湿地を越えその後山脚を曲折しながら登っていく。背後に見られる渓谷の眺めはとても美しかった。しかし富士の眺めは残念なことに全く閉ざされていた。二時間十五分で頂上に着いた。御殿場での今朝の気圧は二八・一三で一九〇〇〔フィート〕だった。峠の頂上では二六・四二で三五〇〇〔フィート〕だから一六〇〇フィートの差がある。下りはとても険しい。吉田と人吉間の峠から見たのと同じように美しい景色だ。

四十分で仙石原の金井屋《カナイヤ》という宿に至る。峠の名は御殿場に住む娘がかつて毎晩のように仙石原の恋人に会うためにこの峠を越えたことに由来する。仙石原から湖の岸まで一時間四十分である。気圧は二七・二五で二七〇〇フィート。前の晩に湖尻から舟が出せるようにと御殿場から使いを出して頼んであった。そこは老夫婦が住む一軒の小屋があるだけで彼らは炭俵を作ったり、旅人からのもらい物で生活している。数日前の台風で萱葺《かやぶき》屋根の萱の一部が吹き飛ばされ、今年の萱の刈り取る時期までにはあと少なくとも二ヵ月を要するはずだから、その間二人は雨露を耐えなければならないだろう。室内は木片や袋、あらゆる種類の使い古しの調度品などで雑然としていた。丈高の草の中を通ってひたすら歩いてきて湖を見下ろす地点に来ると、湖は爽やかな青い水をたたえていた。

〔須山口――サトウの富士登山のコースは須山口から登り山頂を一周した後須走に下山したもので、この須山口は古くから使われていた。明治の末期には陸軍演習場に編入されてしまったこともありそれ以降登山する人はいなかったが、一九九七年に再興された。なおサトウの日記によれば二ツ塚の近傍を通過しているので、この付近で御殿場口と合流していたものと考えられる。〕

八月一日

七時少し過ぎ、チンと私は〔ディキンズとは箱根で別れたようだ。またチンは箱根で静養していたのである〕箱根を後にした。チンは大きな駕籠に乗り、私は徒歩だ。十一時少し過ぎに小田原に到着し、藤沢まで人力車を使う。藤沢でまた乗り換えて神奈川に向かう。夕方の列車が行ってしまった四十分後に到着したため、十時過ぎまで待たなければならなかった。深夜に帰宅し夕食をとった。

越中と飛驒

概説

越中（石川県）*といい飛驒（岐阜県）という。いずれも同一の高い山脈に取り囲まれているので便宜上一括して取り上げてもよいだろう。当地へはこれらの山並みに遮られて、わずかに北国街道経由を除いて近づくことができない。まわりの諸国の住人ですらあまり出入りがかなわない。この地域の東側を画する山脈は日本でも有数の山々が連なり、これを称して日本のアルプス**としてもおそらくよいかもしれない。多くの峰は山頂部に秋のはじめまで雪をいただき、あるいは筋状の雪模様を残している。そして部分的に陽光を遮られた山の窪みや谷間の中には一年中雪の消えないところもある。この山域は南北の連なりが六〇マイルないし七〇マイル、東西の幅は五マイルから一〇マイルあるので、南と東からの交流はほぼ完全に遮断された状態となっている。数多い峰のうち主要な高山で注目される山岳を北から挙げてみよう***。

立山　　九五〇〇フィート
五六岳《ごろくだけ》　九一〇〇フィート
槍ケ岳　一〇〇〇〇フィート
乗鞍　　九八〇〇フィート

＊石川県――当時の石川県は富山県域をも含んでいた。
＊＊日本のアルプス――この言葉の提唱者は御雇外国人で大阪造幣局に勤務したウィリアム・ガウランドである。しかしはじめて活字となったのはまさに本書のこの箇所などにおいてであった（巻末の訳者解説を参照）。
＊＊＊山岳高度――本書各版のこのルート（「越中と飛驒」）に掲げられている主要山岳名とその高度を以下に示す。逐次正確な標高に近似してくるのがわかる。なお大蓮華山は白馬山であり、駒ケ岳は信州駒ケ岳である。

・初版と第二版
右記の通り
・第三版
立山　　九五〇〇フィート
槍ケ岳　一〇〇〇〇フィート
乗鞍岳　九八〇〇フィート
御嶽　　九八〇〇フィート
白山　　八九〇〇フィート

駒ケ岳　一〇三〇〇フィート
・第四版
右記の他に次が加わる
明神岳　一〇一〇〇フィート
・第五版と第六版
大蓮華山　一〇一〇〇フィート
立山　九三〇〇フィート
槍ケ岳　一〇三〇〇フィート
穂高山　一〇一〇〇フィート
乗鞍　一〇五五〇フィート
笠ケ岳　一〇〇〇〇フィート
御嶽　一〇六〇〇フィート
白山　八九五〇フィート
駒ケ岳　八五〇〇フィート
常念岳　一〇四〇〇フィート
・第七版
大蓮華山　九六二〇フィート
立山　九六三〇フィート
常念岳　九一五〇フィート
笠ケ岳　九四四〇フィート
槍ケ岳　九八七〇フィート

穂高山　九八〇〇フィート
乗鞍　一〇五〇〇フィート
御嶽　一〇二八〇フィート
駒ケ岳　八八五〇フィート
白山　八六〇〇フィート
・第八版
大蓮華山　九九七四フィート
立山　九六三〇フィート
常念岳　八六九五フィート
笠ケ岳　九八〇〇フィート
槍ケ岳　九八八九フィート
穂高山　九八〇七フィート
乗鞍　一〇〇八七フィート
御嶽　一〇四四六フィート
駒ケ岳　九四四六フィート
白山　八六五九フィート
恵那山　七三四七フィート
・第九版　（　）内は現在標高
大蓮華山　九六二二フィート（九六一六フィート）
立山　九八三一フィート（九八八五フィート）
常念岳　九六〇〇フィート（九三六七フィート）

笠ケ岳　九四六六フィート（九五〇一フィート）
槍ケ岳　一〇四三一フィート（一〇四二六フィート）
穂高山　一〇二五〇フィート（一〇四五九フィート）
乗鞍　九九二五フィート（九九二一フィート）
御嶽　一〇〇四六フィート（一〇〇四二フィート）
駒ケ岳　九七二六フィート（九六九一フィート）
白山　八八六三フィート（八八五九フィート）
恵那山　七三四七フィート（七一八〇フィート）

山脈の地質学的組成は一様でなく、各峰の年代もさまざまである。端的にいえば、花崗岩が一本の尾根または中心部を走り、その間隙部あるいは上部に大量の火成岩や火山岩が時をおいて注がれ、一方いくつかの主に低い箇所では側部に連続する堆積岩が積み重なっていると説明できるだろう。山脈の中央部の花崗岩は非常に細かい粒で時にガーネットが出る。南端部では乗鞍付近に広大な頁岩《けつがん》層があることで注目される。それらは部分的に溶岩流の一つに覆われている。火山岩はほぼすべてがトラカイト属の地質で、時に密でほとんど響岩《きょうがん》状であるが、通常は目が粗く、ある場所（立山）では構成のしっかりした柱状となっている。

乗鞍と立山は火山性の山岳である。槍ケ岳はおそらく最古の山で、珍奇にねじれた

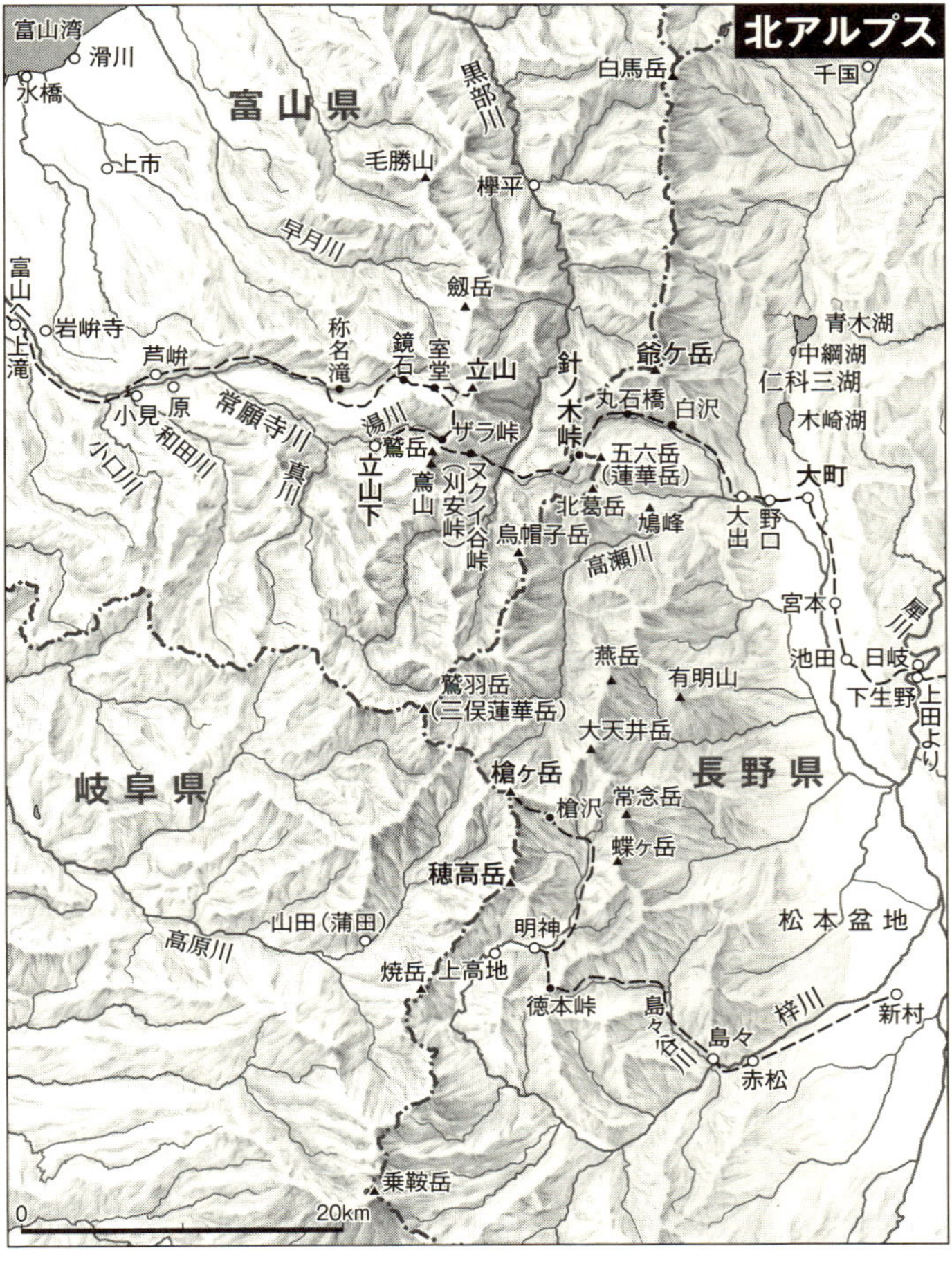

北アルプス
富山湾
滑川
水橋
富山県
黒部川
白馬岳
千国
上市
毛勝山
欅平
早月川
富山へ
上滝
岩峅寺
劔岳
青木湖
称名滝
鏡石
室堂
立山
針ノ木峠
爺ケ岳
中綱湖
仁科三湖
芦峅
小見
原
常願寺川
丸石橋
白沢
木崎湖
湯川
ザラ峠
鷲岳
五六岳
(蓮華岳)
和田川
小口川
真川
立山下
鳶山
ヌクイ谷峠
(刈安峠)
北葛岳
大町
大出
野口
烏帽子岳
鳩峰
高瀬川
宮本
犀川
燕岳
池田
日岐
有明山
鷲羽岳
(三俣蓮華岳)
下生野
上田より
大天井岳
槍ヶ岳
岐阜県
長野県
常念岳
槍沢
蝶ヶ岳
穂高岳
松本盆地
山田(蒲田)
明神
高原川
焼岳
上高地
徳本峠
島々谷川
梓川
新村
島々
赤松
乗鞍岳
0
20km

珪質の薄層をともなった非常に硬い葉片状の岩と、それとほとんど同じくらい硬い斑岩角礫岩をもって構成されている。山脈の比較的低い山腹は森林に覆われており、主な木はブナとナラの類である。針葉樹は豊富に見られるのだが、上方でもこうした針葉樹だけの森林というのはめったにない。高度四〇〇〇〜五〇〇〇フィートになるととりわけカバが多くなる。その少し低いところにある草地や森の斜面には多くの野草が茂り華やかである。それらの多くはイングランド北部の森や谷間によく見られる植物と同種あるいは同属のものである。これらのうち特に目につくのはアカバナ、マツムシソウ、キンミズヒキ、オトギリソウ、ウツボグサ、オダマキ、シモツケなどで、その他それほど重要でないが興味をひくウメバチソウ、イブキジャコウソウ、コゴメグサが挙げられる。これらの他ガンピ、ヤマユリ、オニユリ、紫色のアヤメ、さまざまな種類のアジサイなどがこうした低い草地に一層の色どりを添えている。

高山の頂上の、遠目では岩肌がむき出して見える中にもやはり植物が見られる。小振りであったり生長が劣っているが突出した岩山に守られている箇所では繁殖している。五〇〇〇フィートから七〇〇〇フィートの高さになると、植物相は著しく変化する。低地性の植物はほとんど生存せず、それに代わってコケモモ、サンカヨウ、キンバイソウとツクバネソウ、モリイチゴ、アネモネ、丈の低いハイマツ（「五葉の松」）

やその他の耐寒性の植物などが目立ってくる。八〇〇〇フィートほどの高山部と峰の頂上には小さなコマクサ、黄色のスミレ、イワウチワ、イワカガミ、小振りの一重のツツジ、「五葉の松」などが当地における植物の宝庫の代表格となっている。

動物相を見てみると、これまで知られている限りにおいては特に興味をひく特徴はさしてない。しかし槍ケ岳周辺から北は立山、そして南は乗鞍まで広がるこの未開の山域は日本の中でも特に近づき難くまた訪れにくいところとなっていることもあり、さまざまな野生の動物が棲息している。その中でヤギのような顔をしたカモシカ（アンテロープ）と二種類のイノシシが最も多く、カモシカのつけた獣道が山腹の至るところを走っている。また多くのクマやシカが高所の藪や森林をうろつき、ウサギは原始的な罠でつかまり、ムササビも至るところにいる。夏には万年雪の上端部付近にしごく従順なライチョウをいつでも見ることができる。山の急流にはマスがたくさんいる。当地方の大部分は当然のことながら全くの不毛の地であり、確かにそのままにしておくべきではあるが、手を加えれば利用できるはずの小道がまだかなり残されている。数少ない住人は強壮で質実、麻の着物にしばしばカモシカの皮を羽織り、狩猟や材木の伐採あるいは炭焼きなどで細々と生計を立てている。食糧は蕎麦や雑穀で、大麦、麻、豆、桑などがおもな産物となっている。

大町から針ノ木峠を越えて富山へ

里程		
大町から	里	町
野口		十八
白沢	二	二十五
丸石橋	三	二十七
針ノ木峠	五	十二
二股	六	
黒部	八	十一
ザラ越え	九	十八
立山下《りゅうざんじた》(温泉)	十一	十七
柳原	十二	十二
せこ(小屋)	十三	十八

原	十六	十七
小見《おみ》	十七	十七
上滝《かみだき》	二十	十七
富山	二十三	十七

野口から針ノ木峠越えのコースとそれに続く越中側の常願寺川沿いの山道は荷物持ちの人夫にとって非常に困難なので、旅行者は荷物をできる限り軽くし、重い荷物はあらかじめ「通運会社」を通して別コースで富山あるいは高山へ送っておくことが望ましい。

大町から真西をめざして進む。まもなく上流部を横断して約三十分で野口である。飯島善造《イイジマゼンゾウ》の居宅に心地よい宿を得ることができる。そしてつい最近の一八七六年〔明治九年〕から一八七七年にかけて完成した〔針ノ木〕新道*の小さなルート図を買うことができる。この新道は民間会社が建設したもので一人当たり五銭、荷物持ちには七銭の通行料をとる。この新道が通るまでつまり一八七六年以前には針ノ木峠を越えて越中へ抜けることは難しかったのである。やはりここでも頑強な案内人を雇うことができる。土地の人は峠越えで越中まで行く時間を、いつも少な目に説明するようだが、一日で黒部より向こうへ到達するのは非常に困難であるとはっきり自覚しておく必要がある。もっとも健脚家なら野口から二里ほど谷を登った白沢の丸木小屋で泊まり、そこから約十二時間で立山温泉にたどり着くことも可能といわれている。いずれにしろ、早朝に出発し日中の暑熱を避けて登るのが賢明であり、そのためには前夜は野口泊まりとするのがよかろう。

＊針ノ木新道――大町市野口から針ノ木峠、黒部川、ザラ峠、立山温泉を経て大山町原《はら》に至る全長二十里十八町、巾員二間の「信越連帯新道」が民間資本により明治七年に着工された。部分的には竣工して通行可能となった区間はあったが完成は見なかった。

信越連帯新道を経て針ノ木峠へ

初めは緩やかな登りでところどころでシラカバやカラマツの小さな森を抜けるとすばらしい山の眺めを目にすることができる。左から鳩峰、矢筈ケ岳、北葛《きたくず》岳、蓮華岳あるいは五六岳、加賀《カガ》岳《タケ》、爺《じい》ケ岳、そしてずっと右の方にミツマタが見える。高瀬川の左岸にある大出の集落を通過してから道は急流を渡る。それは高瀬川の三つの源流のうちの一つだ。この付近には道端に小さい祠が多い。山の神に奉納する槍の穂先と剣が結わえられている。さらに登っていくと峠の直下から流れてくる籠川谷に入る。

その河原を上流に向かい白沢を過ぎてすぐ川を越え、一里ほど足をのばしてまた丸石橋で沢を渡る。

爺ケ岳

爺ケ岳へはここから沢のほぼ対岸を登っていく。道らしい道はなく大きな丸石を乗り越えたりその間を抜けたりして沢を何度も徒渉しなければならず、遅いペースでしか進行がかなわない。橋は一つもないので屈強な人夫を雇い、背負って川を渡してもらうことが必要だろう。四九〇〇フィートの最初の雪渓までは危険だが単調な沢登りと、森林に近い草つきの岩壁登攀である。雪渓の上は歩きやすく登山はかなり楽になるが、それも束の間で、頂上へ向けて草の深い険しい斜面を登っていかなければならない。このあたりからカモシカの通る獣道が山頂へと続いている。爺ケ岳頂上は曲線的で草木がなく、山肌はザクロ石を少し含んだ細かい花崗岩である。高度は八六〇〇フィート。

夏になると針ノ木雪渓は後退し頂上から一里ほど下のところおよそ五三〇〇フィートから始まる。道は雪渓の右側に続いているが、登山靴か三本爪の「かんじき」をつけるとより簡単により効率的に雪の上を登ることができるだろう。険しくなるのは山頂部近くだけだが、その傾斜は三十五度にも達する。峠の上（七七〇〇フィート）からは、富士山がちょうど八ケ岳と駒ケ岳の間にぼかし絵のように見える。また近寄り難い厳しさでそびえる槍ケ岳の勇姿も実に注目に値する。この眺めは下山の途中で見上げるともっと雄大に映る。

五六岳

針ノ木峠の左にそびえる山が五六岳である。峠の肩から低く茂るハイマツの間を押し進んでいくと頂上に達する。「五葉の松」は耐寒性の針葉樹でこの地方のほとんどすべての山頂付近で見られる。緻密な粒子の花崗岩の上に積み重なっている斑状粗面岩体からなる山頂部は、風化作用をかなり受けて侵食されたために丸みを帯び裸地になっている。しかし、人目につかない岩蔭には草花が華やかに咲き乱れている。山頂からは日本海と立山、烏帽子岳、槍ケ岳、浅間山、富士山など多くの高山が見られる。高度は九一〇〇フィート。五六ケ岳と爺ケ岳の一帯には山小屋や岩小屋などは全く見あたらない。

立山下温泉から富山

針ノ木峠を越えると信州から越中へ入る。この付近には頂上部にも、その下部にも榛の木（「はりのき」）が多く、峠の名前もここからきている。峠のこちら側の谷も針ノ木沢と名付けられている。この谷には雪はほとんど残っていない。二股小屋を過ぎるあたりから景色は一段と荒々しくなっていく。山道は花崗岩の岩壁が迫り出す下を伝いながら黒部川の支流を下っていく。松ノ木の落ち枝や厳しい冬に落下したと思われる岩屑が堆積している箇所を通る。立山のすばらしい眺めが終わり、まもなく黒部に着く。

ここ黒部には二、三の山小屋が集まっていていずれも気持ちのよい宿である。ここから上流へ約一里のところには絶好の釣場があることも旅人の足をとめる一つの理由になっている。一尾約三〇〇グラム以上の「岩魚」を虫の生餌で釣り上げる。黒部から立山下温泉に抜けるにはヌクイ谷峠〔刈安峠と思われる〕とザラ越えという二つの険しい登りをたどらなければならない。すぐに急登が始まり最初のヌクイ谷峠までは一里。深い森を登ると峠だが近くの山は見えてもここからの展望はほとんどない。そこから二十町ばかりなだらかな下りで谷底に下り立つ。ちなみにここから川床を下流に向かって三十分ほど下り、左手の山に取りついて進んでいくと立山に登ることができる。

沢の流れを渡り二十三町のザラ越えの登りにかかる。あたりは野性的でしかも絵画的様相を帯びている。ところどころにある松の深い緑、赤みを帯びた花崗岩の絶壁、そして夏でも消えない輝く残雪などがアルペン風の景観を構成している。頂上からの眺めは壮大だ。山腹の崩壊が激しく、至るところで大きな地滑りの跡が見られ、大量の岩石が山頂部からはるか下の地峡へと落下している。この山崩れは当地方では古くから発生しているもので、大自然の破壊的な力が示されていて恐ろしい。前面の大きな岩塊は立山への山腹の一つとなっている。そして左手前方には富山平野がなだらかに続き、その先の海の穏やかさと、山の荒々しさが好対照をなしている。神通《じんづう》川はその平野の中ほどを蛇行して海へ向かって流れている。そのはるか彼方には加賀と能登の輪郭が青く浮き出ている。

ザラ峠からの下りは荒涼とした岩石の散在する荒地を通り抜けていく。二十五町あまり下ると小さな山小屋があり、道はこれから湯川沿いに下ってのびていく。近くの山腹のここかしこから硫黄ガスが噴き出しているのが見える。左手には大きな温泉池が見えてくる。一八五八年の地震〔安政五年四月に越中・越前で発生したもの。いわゆる安政の大地震は一八五五年のことである。〕の前までは硫黄の混じっていない透明で冷たい池であったという。山小屋から一里十町ほど歩いたところが立山下温泉である。

立山下（りゅうざんじた）はすなわち「立山の下」である（深見六郎の旅宿はまずまずのところで、彼が温泉を一手に経営している）。温泉水は味はないが摂氏五十一度もあり冷泉水とともに飲料水として使われている。温泉は共同風呂なので外国人には不向きである。付近一帯の土壌は不毛で、食料などの生活必需品はすべて下流の原から運ばれている。一八五八年の大地震の爪痕が至るところに残されていて、大きな岩石が転がり、砂や小石も散在し大自然の猛威を物語っている。その時、温泉の南側にある鳶山の絶壁は、その大半がこちらの谷に向かって一直線に落ち込み、崩壊した土石流は谷を埋め尽くし、水流を止めてしまった。その一ヵ月後、融雪水によってこの土石堰が崩れ、下流の山麓の村々など実に常願寺川渓谷に至るまで泥流が押し寄せ、家や畑や人々が大打撃を受けたのである。

立山下から付近の断崖に取り付き上部へと登攀していくと、芦峅《あしくら》からくる通常使われる登山道に出合い立山へ向かうことができる。一度登山口の芦峅まで下り、そこから立山へ行く迂回路に比べると、約六里も節約できるのだ。立山へ直接登る山道は湯川を横切り、温泉の西側にある赤褐色の切り立った山へと通じている。そこからは急勾配の崖を登ることとなるのだが、その壁には樹木が覆いかぶさるように繁茂していて、岩から岩へと伝っていくのには便利である。登りきって平坦な尾根に出ると、美しい山の眺望が開ける。ザラ越えの右に鷲岳が連なり、二つの谷すなわち濁し谷と湯谷を経て鳶山とかわのくらが続く。左に目を転ずると、さらに山道が籐の深い茂みの間を縫い、平均四十五度もある傾斜の細い谷を登っていく。この付近の登山は非常に困難で、オーバーハングの甚だしい岩壁のところでは、案内人がロープで不慣れな登山者をつりあげることも必要となる。岩場を通過してもさらに樹木と下生えの中の登りが続き、非常に険しいところにはロープが木につながれていて登山者を助ける。尾根の頂上に至ると沼沢の多い荒地となり、やがて開けた草原地をゆるやかに下っていく。そして芦峅からの通常の登山道に合流するのである。

さて、「新道」に戻って起伏の激しい壮大な渓谷を下流に向かう。その上端を多枝《だし》原《わら》谷という。石が多く歩きにくい川床に出たり絶壁の高巻となったりする。雨の降った後などは通行できないことがよくある。三十三町ほど下って柳原小屋を過ぎてまもなく芦峅（四里二十町）へたどる道が川を横切って右へ分岐する。さらにこの道を六町進むと真川へと下っていく。真川は湯川と合流して常願寺川となるのである。ここではしばしばロープに吊された「籠の渡し」によって川を渡らなければならない。三十四町ほど先のせこの小屋に着くまでに、渓谷の荒々しさは姿を消していき、両側の山は深い森になって続く。しかし山道そのものは原に達する一里手前まで依然として険しい。この村落から右についている山道は常願寺川を越え、二里ほど進んで芦峅に至る。その途中、小見で宿泊する場合にはじせんじという寺院がよいだろう。小見を過ぎると道は有峰渓谷から流れてくる和田川にぶつかる。

そこから上滝（旅宿、坂井《サカイ》茂之助《モノスケ》）に下りる手前で、立山と越中との境界に連なる山脈のすばらしい展望が得られる。左からそれらの山岳をあげると、劔岳、こだき、御本社、浄土山、鳶山、鍬崎山、そして有峰、薬師である。

上滝から芦峅に出るには常願寺川を渡り、右岸を三里ほど登って岩峅寺の集落を抜けていくことができる。岩峅寺では佐伯慶治《サイキケイジ》の旅宿に宿を得ることができる。

そこから先の道はよく耕された平野部を横切り北国街道に出、数町で富山に達する。

立山

越中の東部国境に連なる一群の高山が立山と呼ばれており、劔岳の鋭峰とともに北端の主要な山脈となっている。最高峰は御本社のあるところで海抜約九五〇〇フィートである。

主な登山道は西側の芦峅から開設されている。芦峅へは上滝か原村のいずれかを経由していく。宿屋はないが、佐伯正憲《サイキマサノリ》の家には宿泊設備が整っている。近くの森には、立山開山の祖といわれている佐伯有頼を祀った小さな神社がある。有頼は死後になって神格化され、今日でも立山信仰の信者は彼を祈念したこの神聖な立山へ向かう。神社の後ろに有頼の墓があり、横木に囲われている。それは普通の墓とは異なり、約四~五フィートの高さまで盛り上げられた約八フィート平方の土塁になっていて、側面には石が張られている。土塁の上には「シロカケ」という常緑の木が植えられている。小さな社は大山の神社と呼ばれる質素な木造建物で、中には佐伯家と加賀の殿様の紋章がついた赤と黒の漆の厨子《ずし》が納められている。天井はさまざまな花鳥の模様が描かれた格間《ごうま》となっている。

立山への登山道ははじめ常願寺川の右岸沿いに走り、立山の斜面からかなりの落差がある称名滝の下流部で急流を渡って「材木坂」に達する。ここからが山登りのはじまりでかなり険しい岩山を登っていくが、その大半は切り立つ岩塊といってよい。あたりの森林は荘厳な趣に満ちている。山道は安山岩で構成されている多角形の岩柱の上につけられている。この特色ある岩の道にちなんで次のような伝説が流布されている。だいぶ昔のことだが、立山神社の創立のときに建築用の材木をこの付近から大量に切り出しこの山道の上に積んでいたところへ、たまたま一人の女性が入り込み不注意にもこの神聖な材木を跨いだ瞬間、材木は岩に姿を変えてしまったという。材木坂という地名はこの伝説に由来するものである。

上部に近い左の空地の先の木立の間に称名滝が微かに見える。ここから三里の登りは非常にきつく道もよくない。大雨の後などでは泥が三〇センチもの深さにたまりぬかるみの川といった状態になり、これに加えてところどころに深い水溜りがあって、朽ちた木の根などが重なり合い非常に歩きにくい。暫くして高台に達しさらに一里ほど歩くと、右手より立山下温泉からの山道が合流してくる。石ころの多い沢道をいくつかさらに登っていくと「鏡石」と呼ばれている垂直に立つ大きな平たい石の右側を通り過ぎる。その先で後ろを振り返ると、幾条もの川が越中の平野を蛇行し、遠くには能登の岬と海がゆったりと浮かび、近くには湯川渓谷の広大な景観が見える。左手に細い道が分岐し、少し先には称名滝を遠望できるところがある。道は引き続き石ころに覆われた山腹を登り、いくつかの沢を渡り、残雪の斜面の基部をまわりながら裸の山の肩を越えて室堂（小屋）へ進んでいく。芦峅から室堂までおよそ二〇マイル以上あるが、その途中で利用できる避難小屋は三軒だけでいずれもみすぼらしい。しかし、うち一軒は芦峅から四里のところにあり、きれいな湧き水がある。

室堂大地獄に噴出する黄色の泥

林相を観察すると、おおむねブナと巨大なスギで占められている。両者は深い渓谷を境にして分かれて生長している。クリやトチの木も見られる。室堂の左手六町ばかり先の渓谷には大地獄と呼ばれる珍しい硫気孔群がある。登山道は二つの小さい池の間を縫って丘の上へと続いている。下を見下ろすと、二つの池の全容がよくわかる。その一つは側面がほとんど垂直に近いことから判断して古い噴火口のようだ。谷全体を見ると、硫化水素や水蒸気を噴出させている泥の穴がたくさん目に入り、おどろおどろした不気味な様相を呈している。岩がごろごろした山の斜面を下っていくと足場が脆く崩れやすい谷底に出る。場所によってはどうしても小さな硫黄の山を越える。

硫気孔やその周辺は耐え難いほどの熱気で、一歩あやまると煮えたぎる泥や湯の中に落ち込む惧れがあるので注意が必要だ。谷底には硫黄と白い岩とでできた噴丘が二、三存在し、硫化水素ガスがその堆積物の側面の裂け目から噴出している。なかには激しい音をともない、その力で硫黄の塊を一〇〜一五フィートも吹き飛ばすものもある。あるところでは濃い緑の小さな煮えたぎった熱湯の池があって、その中から強い力で硫化水素が噴出し池の湯を噴き上げては窪みに落ち再び勢いよく噴き上げている。また別のところでは黄色の泥を噴き上げている。このような地獄池の温度はさまざまであるが、中には摂氏七十九度に達する高温のところもある。

室堂は非常に粗末な小屋であるからあまり期待をしない方がよいだろう。なかでも不快なのは小屋の中に充満する焚火《たきび》の煙で、小屋の内部の見通しも悪くなり、そのうえ誰もが咳込み、これを避けるには地面に顔をつけて呼吸をしなければならないほどだ。この小屋は毎年七月二十日から九月十日までの五十日間、登拝者のために開設される。だが単に宿泊できるというだけで寝具もないし、食事は米飯のみである。

御本社と呼ばれる頂上へはあと一里で達する。上の方の一部には残雪が見られ、この間の平坦なところをほぼまっすぐに進んでいくと最初の祠（室堂より八六〇フィート上方）まではごく簡単にたどり着く。だが、これからが苦しくなる。二番目の社

（室堂より一〇五〇フィート上方）に達すると初めて富士山が姿を見せる。尾根まではほんの少しだ。絵を見るような本殿をいただいた立山の山頂が鋭くそびえ立っている。室堂からの所要時間は休憩を除いて一時間である。

天気に恵まれれば山頂からの展望は実にすばらしく日本一の眺めといえるだろう。はるか東を見るとずっと左に越後の妙高山、妙義山〔？〕、米山、日光の男体山、そして信州の戸隠山と浅間山の噴煙などが見られる。南に転ずると、蓼科《たてしな》山の孤峰を前にして八ケ岳の連山が横たわる。その向こうには富士山のすっきりした円錐形と白根山と駒ケ岳が目に入る。さらに南には信州の駒ケ岳と御嶽も見える。飛驒方面には槍ケ岳、乗鞍、笠ケ岳、薬師岳が、そしてちょうど南西の方角に加賀との境界にある白山を望むことができる。西方の眼下には加賀と越中の平野が広がり、神通川と常願寺川の流れが越中の平野を潤している。北の方には日本海が見える。

立山から芦峅へ下山するかわりに、浄土山の尾根を渡ってから御前谷〔現在の御山谷のことと思われる。御前谷とは黒四ダムへ直接下る沢をいう〕の渓谷に入り黒部へ向かう近道を行くことも可能である。その距離は二里半しかないといわれているが、大変な難路で六、七時間以上は要するという。室堂のすぐ上の第一の祠まで下降しここで登ってきた道と別れ左に分岐する山道をたどる。初めは草つきの下りであるが、ついで危険な岩屑が堆積している足場の不安定な斜面に出る。そこからは冷たい渓流の水辺を進み、緩やかな雪の斜面を横切って再びもとの渓流の川床に出る。浄土山の左側の谷から下ってくる沢をさかのぼり、その後左へと分岐し、さらに狭い沢身《さわみ》を登っていくと、ザラ越えの谷と立山の間の一つの尾根を渡る。この尾根の頂上までの登りはとても険しく、切り立った崖を進むのでひどく疲れる。山頂付近で小道は左に曲がり、まもなく急な下りが始まる。ここでは山側から突出した岩角で怪我をしないように十分注意したい。その岩は矮小な榛の木や、笹の葉の深い茂みに隠されているので油断がならないのである。尾根の下の渓流までたどり着くと、道は針ノ木新道と交わるところまで三十分の登りとなる。

槍ケ岳

槍ケ岳*（槍の穂先の意）へはこの島々《しましま》からが最も登りやすい。岨道《そばみち》とでもいうべき登山路が狭くそして樹木の茂った急流に沿って続いている。途中、丸木橋を何度も渡る。奔流となって流れる沢の底には人の歩ける部分が少なく、流れの上に突っ張りで固定された踏み板の上を辛うじて進むところもある。ところどころで岩の断崖が峡谷から天に向かって聳《そび》え立ち、見事な景観をつくっている。三里半か四里くらい進むと峠への急な山道となる。深い藪や茨が茂るところを通るので、なかなか先へ進めない。峠〔徳本峠〕は海抜七〇〇〇フィートに達するが、森の中に位置しているので、北側しか見通しがきかない。そこには雪を頂いた明神岳が深い谷を隔てて屹立している。その山裾には山小屋がある。峠の反対側に移るともっと展望が開ける。常念岳が目に入り、そのすぐ下にはここから見ても大きい梓川《あずさがわ》の川床の中を幾筋かの細流が勢いよく流れているのがわかる。山々の間には旧道であったと思われる踏み跡がここかしこに残されている。昔はこの峠から山田〔蒲田か〕を経て高山へと多くの人が越えていったという。

峠から谷へ下る沢筋は水量が多くて徒渉するのが難しい。特に七月には雪融け水が溢れる。宿泊できる小屋が小さい流れに沿って高度四九五〇フィートのところにあり、島々から七、八時間を要する。ここから槍ケ岳まではなおだいぶ距離があり、日帰りをしようとするにはこの約三里先の山の裾あたり（宮川の小屋）から出発するのが適当だろう。だが、島々から一日コースでそこまで行けるかどうか。荷物があれば無理と思われる。いずれにしても、槍ケ岳へめざすには早朝にこの山裾を出立するのがよい。その場合、案内人の他にもう一人、力持ちの人夫を雇い、度重なる急流の徒渉を助けてもらうとよいだろう。流れの深さは時に胴に達することもあるのだ。

この急流の左右の岸を移りながら三時間進んだところで、左側に美しく険しくそそり立ついかつい花崗岩の山が七〇〇〇から八〇〇〇フィートの高さに聳え立ち、右手にはなだらかな森の山が続いている。切り立った花崗岩の岩塊は壮大な山容を示し、その荒々しさは日本中を見渡しても見つからないほどだ。特異なほどに荒涼とした険しさを見ていると、中国の画家がよく描く架空の岩山に似ていなくもない。この信濃と飛驒の山地の中心を流れる渓谷は太古の姿そのままをとどめているようで、このような奔流の縫う渓谷は日本でもあまり例がない（大和地方には若干見られるようだ）。この山域に入り込む常連は猟師たちだけで、クマやカモシカやヤマドリなどをしとめる。槍ケ岳はまだ見えない。

支流の渓谷を左に直進し、二つ目の小屋を過ぎ森を抜けて登っていくと、高度六四〇〇フィートのところで猟師たちが野営する粗末な赤沢の岩小屋に達する。岩小屋のすぐ上部で森は終わり最初の雪渓に出合う。道は大体この雪の上をたどってのびているが、山頂近くになると大小さまざまな岩塊が複雑に散在しているつづら折りを登っていかなければならない。このように大きな岩が不規則に堆積している隙間に「岩穴」ができている。猟師はここを拠点にしてクマを見張るのである。この付近ではライチョウをよく見かける。

ここからは雪と岩屑とを越えていく険しい登りが続き、最後に峰の片側の岩稜を危険を冒して登りきると「槍」の穂先である数平方ヤードの山頂にたどり着く。宮川小屋から六里あるという。所要時間は約七時間。下りは約四時間半である。槍ケ岳の山頂は長い間の風化作用によって角礫化した斑岩からできており、そこには急角度で入り込み、曲げられた多数の枝葉状に広がる石英脈が見られる。山が高いのはこの堅い岩石のためで、また石英の束が槍の穂のような形を作っている。

*槍ケ岳とガウランド――この槍ケ岳の登山コースはウィリアム・ガウランドから寄せられた情報によるものと考えられる。彼は島々――徳本峠――明神――槍沢――槍ケ岳へとたどっている。この中で槍ケ岳山頂からの大パノラマ展望が記述されていないのは残念なことだ。おそらく彼が登頂した時は天候が思わしくなかったのであろう。ガウランドはその登山時期を一八七五年の数年後としている(一八九五年十二月九日の英国地学協会例会での発言)。またアーネスト・サトウは一八七八年七月二十六日の日記に「ガウランドがディロンとともに数年前に芦峅へ来たことを地元の神官から聞いた」と書いている。なお三井嘉雄氏は『丹生川村史』の資料をもとに一八七七年十月としている。

島々から先道は川を越える。このあたりの道には柳が連なり、快いアカマツの林を通過して松本平野に出る。新村(☆通運会社で旅宿が得られる)で時に「俥」を調達することができる。道はこの先ずっと俥が利用でき、島々からは他の乗り物も可能だ。

日光から金精峠・尾瀬・八十里越を経て新潟へ

里程

日光湯元起点	里	町
金精峠	一	十八
小川の湯元	六	
戸倉	九	
尾瀬沼	十三	
檜枝岐《ひのえまた》	十七	十八
大桃	二十	三十五
小舘岩《こたていわ》	二十一	十九
内川	二十二	十九
浜野	二十八	七

小塩	二十三	三十四
青柳	二十四	十八
大橋	二十五	十
和泉田	二十七	十四
大倉	二十九	十四
黒谷《くろたに》	三十一	八
楢戸	三十二	八
只見	三十三	八
叶津《かのうづ》	三十三	三十四
入叶津《いりかのうづ》	三十四	二十七
八十里越		
木ノ根（小屋）	三十八	二十七
高津《タカツ》水《ミズ》（小屋）	四十	九
吉《よし》ケ平《ひら》	四十二	二十七
荒沢《アラサワ》	四十六	三十五
三条（舟）	五十	三十五

新潟（蒸気船）　　六十　三十五

下野の日光湯元から上州の小川〔片品村〕へ通ずる峠が金精峠でその頂部が国境である。距離はおよそ六里。登りが一里半、下りが四里半だ。湯元を出て最初の二、三町を除けば下野側の山道は狭いけれども歩きやすい。湯元の村から十一町進むと白根《しらね》山の頂上へ向かって登っていく分岐点に達し、ここで右へ折れる。なだらかな登りの後、笹の下生えのあるツガの森を抜け急な勾配となる。頂上の下半里のところに金精様*を祀る社がある。金精とはいうまでもなく男根像で、元来は金でつくられていたが、盗難にあってから石造りの複製物にかわったらしい。奉納物も主に木や石の複製物となっている。この種の信仰は日本ではあまり知られていないし、その起源もはっきりしていない。それでもある時期、日本の地方、特に北日本と東日本ではかなり普及した。

＊金精社――金勢、金性ともいう。性器崇拝の一種で多くは陽物が対象とされる。金精峠には日光の祖である勝道上人が、開山のときに男根を祀って祠を建立したのが始だという。主として東北地方に多い信仰である。

金精峠から周囲を見渡すと、樹木の濃い斜面が湯ノ湖（湯元にある小さな湖）の黒ずんだ水面に向かって沈んでいくのが見える。その背後にくっきりと浮かび上がってそびえるのが男体山である。その脇には女峰山が、右側には中禅寺湖の一部が見える。遠く平野の向こうには常陸の筑波山の双耳峰が目に入る。

上州方面はよく茂った樹木が重なり、惜しくもすべての風景が隠されている。長く続く下山の途中でも、白根山と青く輝く北岐湖《きたまたこ》*の一部が東の間目に入るくらいで、展望はほとんど得られない。山道にはわずかに一軒の猟師小屋があるだけで人の気配は感じられず、その小屋も地元では夏の間は使われない。旅行者は十月の終わりから三月一杯までは通行不能であり、その利用は夏期に限定される。しかしながら原生の森林美はすばらしく、カシ、モミ、カツラなどが途切れることなく続き、ところどころの草地で深い下生えに悩まされ、露に衣服を濡らしても苦にならないところだ。森の中で高い樹木を見上げると、柔らかい織物のような苔〔さるおがせ〕がツガの枝から灰色の糸状になって垂れ下がっている。

*北岐湖——金精峠から小川集落に向かって下っていくと、菅沼《すがぬま》と丸沼を通過する。東側の菅沼は往時三つに分かれていた。すなわち清水、弁天、北岐であり、北岐湖が最も深く透明度が最も高かった。青く輝いているのである。現在でもこの湖の貯留水を利用する水力発電が行われ菅沼の水位が低下すると三つの湖が出現する。

日光から新潟へ
新潟へ
信濃川
三条
加茂
五十嵐川
荒沢
栃尾
吉ヶ平
八十里越
守門山
阿賀野川
現在の県境
御神楽岳
只見川
中ノ平
叶津
入叶津
芝倉山（柴倉山）
只見
浅草山
福島県
梄戸
黒谷
大倉
伊南川
和泉田
新潟県
大橋
青柳
小塩
浜野
内川
駒ヶ岳
八海山
大桃
鱒滝
小泉温泉
（小豆沢温泉）
駒ヶ岳
檜枝岐
燧ヶ岳
舟岐川
尾瀬
尾瀬沼
至仏山
栃木県
鬼怒川
北岐湖
谷川岳
戸倉
金精峠
女峰山
武尊山
日光
湯元
越本
白根山
東小川
小川の湯元
湯ノ湖
男体山
東照宮
群馬県
利根川
片品川
日光
中禅寺湖
今市
0
20km

小川の湯元は点在するいくつかの集落の入り口に当たる。山道は白根山から流下する利根川の支流である片品川へと落ち込んでいく。この付近で昼食休憩をするのがよいだろう。近くの温泉では村人たちが衆人に裸を見せながら入浴している。人夫の賃料はここまでは一里につき二十銭である。この山道には馬は使えない。

東小川に入ってまもなく、越本へと続く大きな道路を避け右へ回って近道するのがよかろう。この道は開墾された高台を通り、山の美しい展望が得られる。真向かいの高く突き出た峰は武尊山で、その左側のずっと遠方には赤城山が見える。背後を振り返ると白根山や多くの低山がある。その後片品川を渡り、戸倉へと向かう。戸倉は川の右岸にたたずむ画趣に富んだ小さな集落で、正規の旅宿はないが翌日の行程を考えるとここに一泊するのが都合がよい。萩原権六《ごんろく》*という裕福な農家が宿泊に応じてくれる。この人は大変礼儀正しく、尾瀬峠を越えて檜枝岐に出るために必要な馬を世話してくれる。

*戸倉の権六――戸倉の豪農で後に第六代の片品村長になった人物で笠原権六という人がいた（嘉永六年～明治三十六年）。本書で掲げられている萩原はこの笠原であろうか。以上『片品村史』による。

この峠は岩代へと通じていくもので、戸倉から〔檜枝岐まで〕およそ八里半、その中間あたりが峠の頂上になる。山道は片品川の右岸沿いに三里進み、川を渡る。はじめは草深い斜面を登っていくが、やがて金精峠の道と同じように木が茂った森林の中に入る。茅の下生えが多い。クマやイノシシやシカはたくさん生息しているが、キジはあまりいないという話であった。川には数本の細い流水が合流してくる。道はその川を横切る。雨で増水したような時は川の中を歩くか、人夫に背負われて進まなければならないだろう。昼の食事は尾瀬沼の岸辺にある小屋でとることになる。そこを少し過ぎると上州と岩代を分ける境界を越えることとなる。一八六八年〔慶応四年〕に討幕派と幕府軍との間で戦いがあり、その時戸倉は焼失*されている。

＊維新の戸倉戦争——慶応四年五月二十一日に、檜枝岐から尾瀬を越えて戸倉に不意に出現した会津方の軍が、戸倉に進駐してきた官軍を攻めた。戸倉の家屋三十二戸は一戸を除いて兵火の犠牲になった。会津方はこの一撃を加えた後直ちに兵を収めていった。

沼にはイワナ、フナ、ハヤという魚がいるといわれている。水際から山道は右へ向かって湾曲しながらのびて湿地帯を横切る。ところどころ針葉樹林があり、そこからは眺めが悪くなる。そこを通り過ぎると、木が生えていない緩斜面を〔沼山〕峠をめざして登っていく。反対側への下山は退屈で疲れる一方だ。大部分は粗末な丸太の階段が連続していて、多くの場所に細い流れができている。このように水と泥とが尾瀬峠を越える全体のコースの特色といってよい。このため衣類が濡れて気持ちが悪くなる。檜枝岐へ十八町のところで、山道は実川《みかわ》を渡る。橋の下の渓流の眺めはすばらしい。この川に舟岐川《ふなまたがわ》が流れ込み檜枝岐の集落で二つが一本の川となる。それが伊南川《いながわ》である〔現在の檜枝岐川のこと。下流で舘岩川と合流して伊南川となる〕。

檜枝岐では万屋《ヨロズヤ》という農家が旅行者を泊めてくれる。右側に行く山道は下野の川俣村*に通ずるものである。まっすぐ行くと伊南川沿いに大桃の渓谷を下っていく。数ヵ所で支流を渡るが、橋がかけられていて、以前には困難であった行程はだいぶ改善された。大沢で、駒ケ岳（七〇〇〇フィート）というこの地方で最も高い山の斜面が見えてくる。土地の人々は、この頂上の雪が七夕の祭（旧暦七月七日）の前に消えれば、その年の収穫は必ずや稔り多きものとなると信じている。山道の大部分は、クリ、カツラ、カバその他の落葉樹の森を抜けていく。川の対岸は高倉山の麓であり、小泉《コイズミ》温泉〔小豆沢の湯のことか〕がある。そのお湯は農民が炊事用に使っている。

*檜枝岐村から川俣へ——檜枝岐村の七入《なないり》から檜枝岐川の支流である実川をさかのぼっていくと赤安山や黒岩山の稜線に出る。この関東山塊を引馬峠などで越えると栃木県栗山村（現・日光市）の鬼怒川流域に入る。奥鬼怒スーパー林道の女夫渕《めおとぶち》の下流に位置する同村の一つの集落が川俣で、現在は川俣ダムがある。檜枝岐から川俣へのこのコースは現在では廃道になって久しい。

大桃の少し手前で鱒滝《ますたき》すなわち鱒の滝という小さな滝に出合う。毎年六月二十日頃から七月までの間に、下流から産卵のためにさかのぼってくる鱒をとる一風変わった漁法を見ることができる。滝を横切って数本のロープが張られ、そこから三つの籠がぶら下げられる。それは滝の水面のすぐ上のところに位置する。こうしておくと、早瀬から滝めがけて身を躍らせる魚が、あっという間にこの仕掛けの中に飛び込んでしまうのだ。一日で一籠に四〜五尾の魚がとれる。重さは六〜八ポンドある。とれた魚は大桃の二十戸の家に順番に割り当てられるのである。

大桃を過ぎると谷が開けてくる。山側には深い森が続いているが、川のまわりの低地は開墾された畠となっている。主な生産物は麻で、これを材料として「カタヤマザラシ」という粗いリネンの一種の布がつくられる。そして模造品まがいのヨーロッパ風のシャツ等の素材となる。青柳で見本の品物が見られるかもしれない。ここでは立派な管理者がいる通運会社があって、この谷一帯で最も良好な旅宿がある。長浜に着く手前で会津と越後とを分けている山並みが見えてくる。最も高い山は浅草山と呼ばれている。この付近では「雑魚」をとるための小さな網が使用されているが、これは「カジカ」といわれ川が増水したときだけに使われる。雑魚は乾燥させて食用にする小魚である。

只見の村の近くでは只見川に渡し舟が出ている。この川は流れが速く、尾瀬沼から流下して、ここ只見で伊南川と合流し、柴倉山をぐるりとめぐって下流へと向かう。そして下流で猪苗代湖から出てくる大川と合流して阿賀野川と名前を変え、最終的には越後を通って日本海に至るのだ。

叶津の集落で左に大きく曲がり、今まで何マイルも歩いてきた渓谷と別れる。この渓谷は壮大だとはいえないが、森と畠が入り組んでいて結構目を楽しませてくれた。これからは八十里越へと登っていく狭い谷に入っていく。叶津から二十一町のところに中ノ平、そこからさらに十九町先に入叶津《いりかのうづ》の集落がある。どちらも山深いところだが素朴な宿があり、礼儀正しい歓待が受けられる。中ノ平では安田《ヤスダ》という家で、また入叶津では佐藤中十郎《サトウモウジユウロウ》という家で宿泊できる。これ等の集落ではどこの家でも絹の生産が行われ、その製品は最終的には前橋や横浜の市場に出されている。近辺には銅の鉱山*もある。

八十里越は越後へ通じている。日光湯元から新潟へと向かう途中で越えなければならない最後の峠である。この名称は八十里もある峠**という意味だ。実際は八里程度なのだが、その十倍もあろうかと思われるような難路なのでこの名がつけられたという。しかしそれはうそである。確かに長いコースで道は非常に悪くぬかっているところろもあるが、尾根や山腹に沿って平坦にのびていくなだらかな登り下りが続き、それまで越えてきた尾瀬などの峠と比較すると楽である。

*銅の鉱山――只見川沿岸には鉱山跡が多く見られる。その最大のものが只見川と北岐川との合流点より上流約六キロメートルの只見川左岸（越後側）にあった上田銀山であり、同川右岸（会津側）の白峯銀山とともに大福銀山といわれた。この他白沢銅山や本文で述べられている叶津銅山があった。叶津銅山は入叶津の西方の餅井戸沢にあったもので嘉永年間の開鉱であった。

**八十里越――福島県只見町と新潟県入広瀬村（現・魚沼市）の国境にある海抜八四五メートルの峠が八十里越であり、只見町叶津からこの峠を越えて新潟県下田村吉ケ平（現・三条市）までが、昔の距離単位であった六町一里の計算で八十里あったことからの命名であるという。なお、只見町田子倉から西へ向かい鬼面山の南側を越えて入広瀬へ出る峠は六十里越えと称している。

入叶津を出てから間もなく最初の登りがはじまり、約一里行くとブユメキという峠に着く。そこから小三本沢《こさんぼんざわ》へと下りていく。そこには今世紀の初めに発生した地震*の名残が見られる。沢を渡るとまた登りが続き森を湾曲しながら抜けていくと大三本沢《おおさんぼんざわ》に出る。沢の近くでは山全体が崩れかかり、すさまじく荒れているが、たぶん先の地震の残した別の爪痕であろうと思われる。大三本沢を過ぎるとオオミネという山の尾根の頂上へと向かっていく。オオミネからは飯豊山、神楽山、磐梯山などの山を展望することができる。だが周囲には樹木が多く近隣の眺めはそれほどよくない。入叶津から四里ほど来たところで、岩代と越後の境界線上に小さな山小屋がある。ここは峠の頂上とされているが、実際はそこよりさらに一里ほど行ったところが峠である。二つの峠の間からは守門山、スダレ山、八海山、ゲンザンがよく見える。だがさらに数町ほど歩くともっと美しい眺めが目に入ってくる。そこは狭い凹地で最初に目に入るのは日本海で、遠くに佐渡の島影がかすんでいる。また海の手前には樹木の密に茂る山の連なりがありそこから粟ケ岳と袴腰がそびえている。それと近接して最も左にだんぐがたけの山塊がある。昼間の休憩には、ここからさらに数町行ったところにある高津水の小屋が最も適しているだろう。そこから目的地までは二里半である。

危険な渓谷を濡れながら下りたのち山道は十三町の登りになって尾根の頂上までのびる。そこからは広大で美しい風景が望める。最も左に粟ケ岳が、続いて急峻な山腹の光明山が見える。一方右手には手前の連山のはるか背後に飯豊山の頂上と肩がのぞいている。さらに少し先に日本海、佐渡ケ島、新潟平野、それに天気のよい日には沖合いに和船の帆を見つけることさえできるという。

吉ケ平は峠の麓にある小さな集落である。村長の家は相応の宿泊場所となるだろう。吉ケ平から道は徐々に美しさを増していく五十嵐川の渓谷を下る。八木岩と呼ばれる巨大な迫り出す岩を荒沢の村落にいたる少し手前で右手に通り過ぎる。この村で舟を調達して浅瀬を七十銭で三条まで行くことができる。距離にして四里で、通常だと三時間で到着する。

三条からは毎日汽船が出ていて新潟まで川を四時間で下る。料金は一等が二十二銭、二等が十六銭である。手荷物は無料でのせることができるが、大きな荷物の場合は八ポンドにつき二銭の割合で料金がかかる。出発時間は一定していないが、たいてい夏期は午後一時、冬期は午前十時である。

＊小三本沢と地震の爪痕――浅草岳登山口からさらに叶津川の源流をたどると小三本沢、大三本沢にぶつかる。この一帯は物いわぬ静かな原始林が不気味に広がり曲沼、岩亀沼、濁り沼などの小湖沼群が見られる。周辺の崖は大きく崩れ、巨石が散乱して凄絶な様相を呈している。これは十九世紀初めの地震によるものと説明されているが、『地震の事典』（一九八七年朝倉書店刊）によれば、一八二八年（文政十一年）十一月に三条地震が発生し、越後平野南部に被害が多かったという。また一八二一年（文政四年）四月には会津大沼郡で強い地震があり、関係住民は沼沢沼の底が抜けるのを恐れてすべて移住したという。この二つの地震が小三本沢、大三本沢の崩壊の原因かどうか不明だが参考までに記しておく。

吉野　大峰・弥山・釈迦ケ岳

吉野と呼ばれる広大な山国は、大和地方の吉野川の南部〔源流部〕に広がり標高五〇〇〇から六〇〇〇フィートの高峰が集まっている。山頂部の高所にはほとんど例外なく各種の針葉樹、カシ、ブナ、常緑樹などを主とする森をいただいているが、低い斜面にはスギや「ヒノキ」の植林地帯に覆われていることが少なくない。主峰は弥山、釈迦ケ岳、大峰、稲村、七面であって多少の差こそあれすべて容易に洞川《どろがわ》村、あるいは天ノ川《てんのかわ》の上流部から登山することができる。山間部を縫うように峡谷が曲折してのびている中に、貧しいが勤勉な人々が生活している。彼らは非常に急峻な斜面までも段々畠を築いて、生きるために必要な大麦の栽培を可能にしている。それでも広大な山地は人が居住するに適さず、人間の足跡が入っていないところがほとんどである。

ヒツジのような顔をしたカモシカやイノシシが豊富に棲息し、シカやクマ、ときにはオオカミも多少見られる。特にイノシシが多数棲んでいるためにすべての地区で農作物は「ししがき」と呼ばれる頑丈な防護柵でその侵入を防がなければならず、谷全体がこのような柵で囲われていることも珍しくはない。概して岩石は粘土質、珪質の頁岩、碧玉、珪長岩、石英斑岩などで構成され前三者の岩にはしばしば鉱脈が含まれており、二、三の箇所で巧みに採掘されている。大峰山は硬い縞模様の珪質の片岩で形成されている。弥山は珪長岩で、釈迦ケ岳は珪長岩と石英斑岩で成り立ち、その他の山峰もその形と侵食の具合から見ておそらく同じような組成であろう。緑色の緑泥片岩の堆積の大きな広がりが吉野川の渓谷から隆起し、この地域の北と西の境界を作っている。鉱脈は磁硫鉄鉱で満たされ、その中にさまざまな成分組織の黄鉄鉱がちりばめられている。それらは概してあまり豊富とはいえず、おそらく全鉱山の年間総産出量は銅で五〇〇トンを超えないであろう。構造上は円錐状を呈する、結晶性の高い石灰岩の鉱床が洞川と、上市《かみいち》の上流の吉野川渓谷の片側で露出している。吉野川の平野に向かって開けるこの山間の峡谷における主な産業は材木の伐採と製材で、多くの住人に仕事を提供している。材木はおもに「スギ」と「ヒノキ」である。材木に加えて、この地域の生産品としてはあらゆる種類の木製品、桶板、しゃもじ、下駄、縄の一種、大麦、筆用の「棕櫚《しゅろ》」の鞘、銅、炭、紙、乾燥させた羊歯の若枝（ワラビなど）である。

また吉野は桜の名所として知られる、大峰山の北側に位置する小さな町の名前でもある。この小さな町にはいくつかの寺社があり、春と初夏に多くの巡礼者が足を運ぶ。そして森林の景観を好む人、登山愛好家、植物愛好家にとって、この周辺一帯はただならぬ魅力を提供する箇所である。当地へは奈良から法隆寺や竜田、あるいは長谷寺を通っていくことができるが、さらに近い経路を次に示す。

里程

奈良から	里	町
丹波市	二	十九
柳本	三	二十七
三輪	四	二十四
桜井	五	六
八井内《やいない》	六	二十
上市	十	十七
吉野	十一	十七

または

奈良から		
二階堂	三	四
田原本	四	十八
八木	五	二十八
土佐町	七	二十五
下渕	九	十九
下市	十	一

大阪から竹内峠を越え土佐町を経由して吉野へ向かう直達路がある。大阪から土佐町までの距離は十六里で、二人引きの「俥」を使えば七時間の行程である。もっとも「峠」は徒歩で越えなければならない。

上市で渡し舟を使って吉野川を越えるときの上流の景色は大変画趣に富み、右岸の半マイルほど先に見える樹木の濃く茂ったとんがり山は「妹山《いもやま》」(情婦の山)である。よく愛し合う男女の山を意味すると説明される「妹背山《いもせやま》」の古歌についてはたびたび語られるが、この解釈に一致する「背山《せやま》」(情夫の山)はない。これについては、さまざまな説明がされてきた。たとえばその山は川を下って紀州へ押し流されたのだという説もあれば、はじめから存在していなかったのだとするものもある。非常に多くの古い歌の中で「妹背山」は紀州へ向かう通常のルート沿いにあると語られているものの、すくなくとも上市はこの経路上には位置しておらず、この場合はそれらは五條より下流の川辺にあると指摘されている。対岸の飯貝《いいがい》で岸に上がり、やや少し流れに沿って下り丹治《たんじ》へ向かう。ついで南に折れやや低い丘陵に入る。桜が山道に並び、小さな茶屋から吉野（旅宿、升屋《マスヤ》）の町の入り口に至るまでかなりの距離にわたって山腹を覆っている。

吉野の桜か月ケ瀬の梅か

吉野の入り口には目印となる大きな青銅製の「鳥居」が立ち直径三フィートもの輪柱でできている。当地の桜はちょうど千本〔下千本〕あるとされており、日本国中で有名である。四月に優美な淡い桃色の花に覆われる頃は、その美しさにかけて右に出る風景はない。もし例外があるとすればおそらくこの地方北部にある月ケ瀬の梅くらいであろうが、吉野の桜の方がはるかに普遍的な評価を得ている。山腹のさらに上をめざすと、吉野の町の先に日本の誇りである別の千本〔上千本〕桜が立っている。吉野の人口はおよそ千四百人で、狭い山脚の頂部に沿って並びほぼ全体が旅宿と、数珠

吉野・高野山・熊野
奈良より
下渕
上市
飯貝
口ノ宮
(金峯山寺)
後醍醐天皇陵
山口の神社
(勝手神社)
吉野山
水分の神社
吉野川
五條
橋本
名倉
紀ノ川
蟷螂の窟
百丁茶屋
大天井
洞川
洞辻茶屋
奥の院
大峰
小笹
川合
中谷
中越
天ノ川
稲村ヶ岳
国見山
弥山
天狗木の尾根
天ノ川辻
広瀬
金剛峯寺
高野山
今井
中原
小代
山西
籠山
和田
和歌山より
大滝
水ケ峰
荒神岳
奈良県
仏生嶽
釈迦ヶ岳
北山川
大股
萱小屋
伯母子峠
上西
護摩壇山
涅槃岳
松平(待平)
五百瀬
神納川
三浦峠
古矢倉
今西
十津川
笠捨山
玉垣内
永井
石楠部
西川
龍神
牛廻山
和歌山県
大沼
玉置山
果無峠
冷水山
八木尾谷
三重県
大居
和歌山県
熊野本宮大社
本宮
熊野川
湯の峰温泉
0
10km

や巡礼者の錫杖を売る店で構成されている。町をなかほどまで上昇したところに口ノ宮《くちみや》という神社が建っている。階段を登りつめると大きな朱の二重の楼門があり、その側部の壁龕からは仁王が撤去されている。次の階段の層を登ると大きな堂の前部境内に出る。殿堂にはかつて高さ二六フィートの蔵王権現の巨像が、それぞれ高さ二四フィートの観音像と弥勒像を侍して立っていた。この種類の像ではこれは日本において最も大きなものの一つに数えられており、内乱の間に破壊された前の像に代わるものとして秀吉(太閤さま)の命により造立された。各仏像が安置される高い建屋を支えるいくつもの柱は枝を切り落とし大ざっぱに切りそろえた大きな木の幹であって調達し得る限り最大のものである。上部に向かって徐々に細くなっていく形状は、ドーリス式建築〔古代の建築様式で、力強く単純な形式が特色〕の寺院の石柱を彷彿とさせる。その形は古代の樹幹の形からきておりそれを石に置き換えたのである。柱といえば少なくとも直径三〇インチもある巨大なツツジも見られる。これは大峰山に育つものだが、当地域のツツジの茂みはしばしば大きいもののこのツツジほど大柄のものは見受けられない。いくつかの調和がとれた大きさの、かなり年代物の絵馬が前廊を飾っている。

この神社の創設者はかの有名な役小角《エンノショウカク》〔えんのおづぬ〕である。彼は大和の茅原《ちはら》〔現在の御所市《ごせし》〕に生まれた。母は独鈷《どっこ》〔古代インドの武器で、転じて密教の強力な仏具として用いられる〕が天から降りるや彼女の懐に入る夢を見、目覚めるとにわかに身籠っていることに気付いた。誕生したその時からすでに不思議な童子で、山腹のはるか上にある森の中でただ一人で過ごすことをこよなく好んだ。十三歳のとき彼は既に仏教の行法に尋常ならざる精通を示した。濡れることなく雨の中を歩行する、いかなるときでも小さな虫をつぶさずに歩む、藤のつるで編んだ衣服を纏う、木の実を主食にする、などである。十七歳のとき生誕の地からさして遠くないこの地方の西側にある金剛山に登り、そこで不動とその他の神を祀って自らが建てた御堂のそばで十年間にわたり隠遁生活を続けた。六五八年に摂津の箕面山に移ると、発見した三つの滝の最上部の滝壺には三〇フィートもの長さのある竜が蟠踞しており、時に口から雲と雨を吹き出していた。小角は夢で滝壺の底にある宮殿に棲まう隠者、竜樹〔大乗仏教の祖〕を訪れ、すべての高く険しい山に登り仏教の聖山とするよう命令を受けた。かくして彼は滝のそばに一庵を築き竜樹菩薩と弁才天の像を安置し以降二十年間にわたり聖なる題目を唱え続けた。金伽羅童子と制吒迦童子〔いずれも仏に奉仕するもの〕がやってきて昼夜となく彼に仕え、一方前鬼《ぜんき》と後鬼《ごき》という山の神が食物と水を提供した。彫刻においても絵画においてもこの二神は常に彼に付き添うものとして示されている。

役小角は修行に身を捧げた甲斐あって、ついに超自然の力を得ることができた。すなわち水上を歩行し、虚空を飛び、将来を予言し、あらゆる病を癒したのである。六六八年に大和地方の大峰山絶頂への山道を切り開き、そこで前世の自身であった遺体に出合い固く握られていた剣と金剛杵《こんごうしょ》を発見した。呪文を唱え骸骨の固い握りを緩めてようやく剣と金剛杵を手に入れると、彼はさらなる奥義を得ることができるようになった。熊野へ向かって山を横断する山道を切り開いた後彼は吉野へ戻り、そこで数年間修行を積んだ。六九八年に地の神に命じて金剛山に石の橋を作るように指示した。これに対し人言主《ひとことぬし》という名の神が日ごとの労役を拒み仕事を遅らせたので、この罰として呪文をもって彼の手足を縛り五十六億七千万年後に仏教の救世主である弥勒がこの世に現れるまで解くことができないようにした。

そして今度は、衆生を済度するに最もふさわしいと思われる尊体を祀る一寺を吉野に建立しようという構想を抱き、この希望を成就すべくあらゆる仏陀に祈りを捧げた。最初に現れたのは温和な表情の地蔵であった。しかし役小角はこのように穏やかな仏は人類の諸悪を追い払うにはふさわしくないと考え、彼を取り上げるとはるか彼方に放り出し地蔵は伯耆地方の地に落ちた。次に現れたのが弥勒であったが、この仏も同じく適当ではないと判明した。ここで小角は目をきっとにらみ拳を握りしめさらに七日間直立不動の姿勢で過ごしたので、諸尊は彼の意図するところを理解しやがて、青黒色を帯び忿怒の様相を呈し、左手に剣を持って印を結び右手に三鈷杵《さんこしょ》を持った仏が彼の前に現れた。これこそが衆生を邪悪な道から済度させることのできる唯一の仏である蔵王権現であった。かくしてこの行者は大きなシャクナゲで蔵王像を彫り一宇に安置した。

小角はその後度重なる善行を施したが妬み深い悪者が絶えることはなかった。弟子の一人〔韓国連広足《からくにのむらじひろたり》〕は行者から相応の厳しさで窘《たしな》められたことを根にもって裏切り、天皇に役小角は不正な呪術師であり邪悪な妖術を用いているとして讒訴《ざんそ》に及んだ。彼を捕縛するために吉野に捕手が送られたが、行者は命を拒み虚空に姿を隠した。そこで捕手は彼の母を縛り人質としたのでやむなく彼は縛につき伊豆沖の大島に流された。それでも彼は夜ごと母親に会うために海を飛んで自宅に戻り、さらに国中の有名な高山の絶頂に登ったが、日中は大島にあって刑吏の見える範囲に身を置いた。不実な弟子は自らの陰謀になお満足できず天皇の大臣に、役小角が未だ君主の命を呪術で狙っている旨の讒言をしたのでその真実を確かめるべく役人が送られたが、弟子は使者を買収し調査をする前に役小角を消すよう説得した。しかし役人がまさに役小角の首を切ろうとしたとき、行者は霊妙な印を結び題目を唱えて体を著しく強固なものとかえたので剣の方が粉々にくだけてしまった。この奇跡を聞いた天皇は陰陽師を呼び本件について予言をさせたところ、小角が神聖で無実の人間であるとの報告がなされその結果彼は許され宮廷に招かれた。彼が開山したといわれている山には山城の愛宕山、摂津の鬼取山《おにとりざん》、伯耆の大山、豊前の彦山、加賀の白山、越中の立山、出羽の羽黒山などがある。小角は最後に七〇一年に中国へ飛び立ちこの世の人々の前には二度と現れなかった。

すこし先へ行った通りの右手に森の神々を祀る山口の神社がある。口ノ宮よりもはるかに小さく本殿がない。このあたりで細い山道が左に分岐し後醍醐天皇陵に向かう。距離にしておよそ半マイルである。この不運な君主が吉野の山に逃げ込んだのは一三三六年のことで、そこで裏切者足利尊氏に対抗したがそれ以降三年しか生き延びなかった。この山道を少したどると反対側の山の中腹に位置する墓所を取り囲む松林が見えてくる。

二九〇キロメートルから遠望する富士山

この寺から約三十分歩いたところに水分《みくまり》の神社（水が分かれる神社）がある。かつては子守の大明神すなわち子を守る偉大にして輝く神と呼ばれていた。階段を登りつめたところに二層の門があり、それに付随して屋根付きの回廊が左右に広がっている。境内に入ると右手に三つの本殿が並んでおり、左手に拝殿と神官の部屋がある。かつて建物全体が華々しく装飾されていたのだが、社領が上地《あげち》されてから急速に没落の一途をたどっている。さらに三十分登ると主要な社があるが、これは近年建築された小さな面白味のない建造物である。その下にある二層の楼門は古い。登る途中には数種のツツジが豊富に見られる。その後二十五分の険しい登りが続いた後、再び下降し三十分で試み茶屋に至る。

さらに十五分登ったところに別の茶屋があり、二十五分登るとぎざぎざの連山の頂上に至るが、大峰の頂上をめざすにはここからとりかからなければならない。ここで再び六〇〇フィートほど下降しさらに四〇〇フィート上昇して五十分で小天井《こてんじょう》に到着する。この頂上に到達するおよそ十分前に百丁茶屋があるが、一般にここから頂上まで残す距離が百町とされている。この近くにすばらしい泉がある。さらに急下降し尾根の大きな窪みの反対側を登るおよそ四十分の行程を経ると大天井《おおてんじょう》に至る。このすぐ下に「蛇腹」という難所があり、登拝者はそこの険しい岩山を手足を使ってよじ登って越えなければならない。再び三十分下降しまた上昇し一時間で洞辻《どろつじ》茶屋にたどり着く。ここから難所が始まり、最後は険しい岩崖に付けられた梯子を伝っていかなければならない。登拝者は不浄なまま山の神の住処に足を踏み入れることで神の怒りをかわないようにと、この地点で草鞋を替え手を洗うことになっている。ここのところでは神経質の者でなければ危険なことはない。

段々になった土地に重なり合うように建っている小屋の集落があるところで山道は尽きる。ここから真北にある山脈が美しく眺められる。北東の方角に見える尖った峰は高見山で、その下に鷲家から伊勢へ抜ける山道が走っている。晴れた日には富士山頂が直線距離にしてほぼ一八〇マイル〔二九〇キロメートル〕東のかなたに認められる。神戸に近い淡路と六甲山もはっきりと見える。小屋の集落を後にして山道に沿って左に折れると奥の院に至る。神官は当院からこの山の信仰を開いた役行者の像を放逐することが許されてからというものの〔神仏分離策〕、現在では名前も知れない不明瞭な神を祀っているがその古式ゆかしい建物はそのまま残っている。

すぐ反対側にある森の中に数歩足を踏み入れると山の最高所、まさに「大峰山上」（大きな峰の頂上）に達する。そしてさらに二分ほどで笹に覆われた空き地に出て、そこから大和地方南部に占める重畳たる山の連なりからその山群の二番目に高い釈迦ケ岳にかけての壮大な景色が眺められる。東のやや南寄りに国見山がそびえ、その後部に吉野川の母である著名な大台ケ原を視界から隠す。南へ目を転ずると釈迦ケ岳の前部に弥山が位置し、南西方向のすぐ近隣に稲村ケ岳があり、朝鮮岳《チョウセンガタケ》と七面山が背後に控える。山道に沿ってさらに西をめざすと修験者の宿坊として信者が建設中の新しい堂に至る。正面の地上に、一本歯の下駄を履き巡礼の旅支度をした役行者を表す数体の優れた像が、忠実な前鬼と後鬼をともなって並んでいる。ここからは別の山道をたどって小屋の集落まで戻る。これまでに何度か計測された海抜の高度には違いが見られ、ある計測者が出した数値は一八八二メートル（六一七三フィート）で、別の計測者によれば一六四四メートル（五三九四フィート）であるが、後者の方がおそらく正しい数値〔現在標高は一七一九メートル〕に近いと思われる。登山路が長い割にはそれほど高くはなく、一サイクルに数百フィートという小刻みな登り下りを繰り返すことによって頂上をめざすために、登山行程には労力を要求される。途中休憩を入れたり植物採集をしたりする時間（このためには登山を六月にするのが最も望ましい）を見込んで吉野の村から七時間あれば十分である。

登下山は途中休憩の二時間を考慮に入れて十時間もあれば楽にこなせる。梯子の頂部付近に「鐘掛石《かねかけいし》」や「西覗き」といった、いくつかの突き出した岩山があり、それにとりつくのは困難でいくぶん危険をともなうが登拝者にとっては功徳があると考えられている。

大峰からは、西に向かい紀州の高野山を訪れるのが便利だ。天ノ川渓谷を経由する通常のルートを利用するためには、洞辻まで戻り山頂よりおよそ二八〇〇フィート下の洞川へ下降しなければならない。百丁茶屋まで戻ってから赤滝という場所へ下降する近年開通した別のルートもあり、その後丹生鶏にある神社を通過するが、それから後の道筋はどの地図を見ても見あたらない。吉野の村で十分な情報を得ることができるものの、回峰行のための吉野にいる玄人の案内人の評判はあまり芳しいものではなく、見知らぬ土地を冒険することが好きな登山者以外は、次でとりあげる天ノ川渓谷を下る道を利用したほうがよさそうだ。

大峰の頂上からは山支度をして十分な食糧と荷物持ちを手配すれば、弥山と釈迦ヶ岳へ登山し前述の洞川へ下降することが可能であろう。

大峰から弥山までの距離はおそらく一八マイルから二〇マイルほどと思われるが、山道は険しく絶えず登り下りを繰り返し、荷物持ちの使う調理器具、寝具、米を運ばなければならないため必然的にペースが遅くなる。弥山へ至るには丸一日を要し、釈迦ケ岳へはさらに一日、そして三日目に洞川をめざす。一日分の水が入る水筒と十分に暖かい衣服を持参する必要がある。

　奥の院から細い山道が山脚の頂部に沿ってのび約半時間で小笹《おざさ》に至る。ここは役行者を祀る小さな御堂付近に廃れた丸太小屋がいくつかかたまって建つ場所である。この地点の反対側で西のやや南の方角に深い峡谷に隔てられて稲村の大日という珍奇に尖った峰がそびえている。大峰より低いとしてもそれはわずかな差である。このルート上小笹から弥山までは、浅い湧水が二ヵ所ある他は水場が見られず、その水も通常は乾いているので一日分の水は小笹から運ぶ必要がある。

　さらに山道は尾根の頂上をつかず離れずのびており、海抜五〇〇〇フィートより下ることはめったにない。森林が尾根を覆っているため時折近隣の峰が垣間見られるだけである。ときどき山道がすっかり姿を消してしまうが、刻み目や印が付けられた樹木が道しるべとなる。笹が密に茂っている。小笹からおよそ五時間歩くと一軒の廃れた丸太小屋に至り、それに近接して前述の浅い湧水がある。さらに一時間半で弥山の山腹にある山のこぶに至る。小屋より十八町下である。この小屋から頂上をめざす登りは険しく、倒木のために進行が大いに阻まれる。小屋はほぼ山頂にある。弥山はその最高地点も森林に覆われており、おもにツガの種類と、高所の樹木に混じって見られる、モクレンに属する樹木で構成されている。灰色のコケに覆われた樹木に囲まれた小屋は廃れた掘立小屋だが、戸や窓や側壁は壊れ、ここで一夜を過ごした人々が焚火として使ってしまったために風雨を凌ぐ役目はほとんど果たさない。この地を囲む深い森林のために視界は得られない。峰は珪長岩からなり、海抜およそ五九〇〇フィートである。七月においてさえ夜間は約摂氏九度になる。

釈迦ケ岳に向けて進んでいくと小道はしばらく倒木を越えてのびモクレンの藪を抜け、多少ともなだらかな下りを一時間ほど経て小屋の四〇〇フィートほど下の小川へ出る。小川へ至る直前に山道が右に分岐し天ノ川渓谷と洞川へ向かう。この川と釈迦ケ岳の間には水場がない。そこから先の山道は非常に高いところに位置する森林の中を前日と同じ程度にのびていく。およそ三時間で行程の中間点といわれるブナの森に着く。さらに三時間歩くと、縁《エン》ノ花《ハナ》という画趣に富む地点にたどり着く。ここから眺められる風景はこの行程の中で最も美しいものである。眼下の左右には尖塔の形をした険しい岩山が無数にそびえており、そこかしこに樹木やツタ植物が点在しその先には深緑色の森林から七面山が顔をのぞかせている。さらに一マイル半ほど先が釈迦ケ岳で、短いがきつい登りを経ると海抜およそ五六〇〇フィートの頂上に至る。山頂は珪長岩からなり、山の北側と南南東側から大変な急傾斜で細い尾根が隆起している鋭い峰である。尾根は森林に覆われその低い部分にはブナの森が広がり、上の方は矮小な針葉樹が占めモクレンが藪を作っている。宿泊小屋は南側に十八町下りたところの、灰色の険しい岩山の基部に絵のようにたたずんでおり、修復もよくされた状態である。水はあまりなく崖の表面からいくばくかしたたる水が丸太の桶にためられているが、これがここで得られる水のすべてで、さもなくば五十町離れた前鬼の集落まで下りることになる。南南東の方角にあたる真向かいの片側が裸岩でできている鋭峰は第二の七面山である。そしてほとんど垂直に近い側部の白い筋は登拝者が鉄の鎖を頼りに登る山道である。

洞川へ下るには三日目におよそ六時間かけて弥山の小川に戻らなければならず、そこから洞川まではさらに六時間ほど要する。

吉野から天ノ川渓谷を経て高野山へ

里程

洞川から	里	町
中越《なかごし》		二十七
川合		三十二
沖金《おきがね》	一	
中谷	一	三
沢原	一	八
日裏	一	十六
九尾《つづらお》	二	八
栃尾	二	二十
和田	三	四

籠山《こもりやま》	三	二十七
山西	四	四
広瀬	四	三十
滝尾	五	四
塩野	五	十九
天《てん》ノ川《かわ》辻	五	二十九
坂本	六	十九
中原	七	十九
今井	八	十九
野川	九	十九
天狗《てんぐ》木《ぎ》峠	九	二十九
高野山	十一	七

大峰の頂上から渓谷の頂部にある平地までの下降にはおよそ一時間二十分を要し、ここに建つ茶屋から洞川まではおよそ一里である。茶屋を通過してすぐに天ノ川の源流付近を越える。川水はおいしく冷えており清らかで足をとめたくなる。さらに半時

間で一軒の茶屋に到着し、そこで山道が右に分岐し川を越えて、蟷螂《とうろう》の窟《いわや》と呼ばれる白岩にあいた洞穴に通じるが、ほとんど訪れる価値はない。洞川は高野山から大峰へ向かう登拝者が好んで休息に足を運ぶ場所で、数々の良好な旅宿がある。この村は大峰の頂上よりおよそ二八〇〇フィート下に位置しているので、海抜は少なくとも二五六〇フィートはある。気候は寒冷でこの近隣では米作は不可能であるが、「大根」と一般によく見られるジャガイモが育つ。ジャガイモはこの土地では役小角にちなんで「行者いも」と呼ばれている。伝説によれば彼は回峰修行の間はイモを常食としていたということだが、役小角が亡くなったのはオランダからジャガイモがもたらされた千年も前のことである点を考慮すると、この話は時代を錯誤しているようだ。

当地では五月中頃まで霜のおりる夜がある。川の右岸に龍泉寺があり、本堂を飾る秀逸な絵画を見に訪れる価値がある。ここには行基《ぎょうき》菩薩作といわれる弥勒像が安置されており、その右には不動と役小角が、そして左には蔵王権現《ざおうごんげん》（吉野の神）と修験道の創始者である理源大師《りげんだいし》（八三二〜九〇九年）が侍している。山道は右岸に沿って谷を下降し、山を上昇して洞川よりわずか五〇フィートほどしか高くない頂上を越えて中越（一九七〇フィート）と川合（一八八〇フィート）へと下降する。中谷で登拝者の利用するルートは川を越えて、今では廃屋に等しい観音の寺に向かい、その後またすぐに右岸に戻る。和田で山道が分岐して川を越え、いくつかの銅山に向かう。それらは一八六二年に開坑され、一八七二年における金属の産出量は一六五トンを超えた。

川の流量が増すのに比例して川の蛇行が長くなっており、それだけ越えなければならない山脚の高度も高くなる。というのは、おおむね川筋に沿って連なる垂直の岩壁のために水面と同じ高さに山道を通すことができないからである。風景はおよそ開けたものではないが変化に富んでいる。和田と山西からは通常左岸をたどるが、森で木の伐採が行われる季節にはルートを対岸に変更し籠山《こもりやま》と山西（一五六〇フィート）の間で再び岸を変える。山西で昼の休憩をとらずに、半マイル先に進んで川の深い湾曲部の上に美しくたたずむ辰見左衛門《タツミサエモン》経営の小さな旅宿に向かった方がよい。長く続く険しい登りを経て滝尾に着くと、山と川の見事な展望が得られる。広瀬に到着するわずかに手前でルートの選択が可能である。一つは右上方に高く登っていき（上からはすばらしい眺めが得られる）広瀬を通過しないルート、そしてもう一方はそのまま少しの間川岸に沿って進み湾曲するところでかなりの高みにまで上昇し広瀬村を通過するというものである。

この村の宿は一様に貧しく、新鮮な海の魚などお目にかかることはない。淡水魚とても、当地では「アメゴ」あるいは「アメノウオ」と呼ばれている川鱒がとれる季節しか見ることがない。天ノ川辻に至る半里手前に松尾《マツオ》峠という長い登りを経る。峠の頂上で一本の道が右に分岐して吉野川に面する五條と下市に向かう。天ノ川辻の入り口で川を越え小代《こだい》を通過し、このあたりでは十津川と名前を変える川の左岸に沿って進む。この村で川は流路を南に変え、山道はそれに沿って坂本村を抜ける。紀伊の境界から坂本へ西に向かって流れる小さな支流が合流してくる。橋（一二四〇フィート）を渡って、猿谷村に向かって南に続く山道を離れ右に折れ、そして半里上昇すると中原（一九五〇フィート）に到着する。この集落には四、五軒の大きな旅宿がある。耕作物は見るところ大麦と「フキ」に限られているようだ。「フキ」の若い茎は吉野渓谷のあたりでは主な緑色野菜となっている。中原から道はしばらくの間ずっと登りとなる。十五分で眼下に十津川方面にのびる谷が非常に美しく眺められる地点に来る。対岸の橋近くに位置する今井（二〇〇〇フィート）まではさらに三十分でありここには数軒の立派な旅宿がある。

この村のすぐ先で五條へ向かう山道が右に分岐し、さらにもう少し先で左に分岐する山道は池津川（二里）と高峰の上にある荒神《こうじん》という社に向かう。池津川から二里半で高野山へ向かう山道が出ている。今井から二、三の小さな集落を通過してやがて一時間半のうちに森を抜けて登り、大和と紀州とを分ける天狗木の尾根（三六七〇フィート）に至る。ここからの眺めは、背後に大峰から釈迦ケ岳に至る吉野の連山全体を包含し、北側には金剛山と葛城山がそびえている。茶屋より二〇〇ヤードほど北に向かった小さな山からは南方面を除いて、地平線全体を含むより開けた眺望が得られる。ここからは伊勢の境界に位置する多武峰と高見山が視界に入ってくるとともに、西方面に森を越して高野山の中心部そのものを垣間見ることができる。そこは和歌山側からの正門入り口付近に僧侶たちの宿坊が間をつめて集中し建てられてある所だ。右手の谷の底から赤滝《アカタキ》よりくる「新ルート」の最後の険しい登りが始まる。これは急な山の斜面を無数のつづら折りを経て、天狗木から山腹を巡る山道にぶつかる地点へ向かうというもので、この地点にたどり着くと両方の山道はその先の森の中に入って姿を消す。

天狗木茶屋（三〇七〇フィート）で案内人を調達し一日で高野山の見所の案内を依頼することができる。山道は山の右側に続き緩やかに弧を描いて、「新道」が発している谷の高所へと上昇していく。天狗木より一里離れたところで四辻に出合う（二七五〇フィート）。左側の山道は直接僧侶の宿坊へと通じており、右側は野川《ノカワ》へと下降、まっすぐ続く道は奥の院へと向かう。

高野山から山越えで熊野へ

里程

高野山から	里	町
大滝	一	十
水ケ峰	二	三十
大股	四	三十二
萱小屋《かやごや》〔伯母子峠の手前〕	五	十八
上西《うえにし》	七	二十三
松平	八	二十三
神納《かんの》川《かわ》	九	五
三浦峠	九	二十五
矢倉《やぐら》	十一	二十七

石楠部《イシクスベ》	十四	十五
八木尾谷	十八	二十
本宮《ほんぐう》	十九	二十

この経路は全区間を通して山岳部をたどるものですべて歩行に頼るしかない。南東側の大滝口〈高野山へ至る高野七口の一つ〉をあとにし、三二五〇フィートの高所まで登った後、美しい濃緑の「コウヤマキ〈高野槙〉」のみに覆われている森の中を小一時間ほど進むと、突如として下降し大滝の村に至る。当地は紀州の有田川の源流部に近く「鮎《アイ》」「鱒」がよく獲れるところだ。この沢を渡り再び四十分の山道を登ると平坦な尾根に達し、雄大なブナの森を見渡しながらさらにかなりの距離を歩き続けた後、宿泊が可能な一軒の小屋がある水ケ峰（三七〇〇フィート）にたどり着く。吉野地方の中でこの付近は十二村郷《じゅうにむらごう》すなわち「十二の集落」と呼ばれている。この小屋からは周囲の高峰を望見することはできず、大峰山は十津川筋の丘陵にさえぎられて見えない。前述の尾根に向けて十分ほど登ると「鳥居」があり、そこを左に折れて荒神の山頂を経た後、さらにその先で本道に戻る山道が発している。水ケ峰からこの尾根をかなり進むと、春にはあざやかな深紅色のツツジが咲き乱れる森を下降していく。

ブナとカシの木が最も多く、若干のモクレンやトチがこれに加わっている。山の下方では主としてツガなどの針葉樹が茂っている。幾重にも曲折する山道を下ると大股(二二九〇フィート)の小村の先で、東に向かって流れ十津川に合流する沢に下り立つ。ここでは橋を越えて数ヤード先の右岸に二軒の小さな旅宿がある。さらに長く険しい山腹を三十分登ると萱小屋(三一七〇フィート)にたどり着く。

後方を振り返ると渓谷の対岸に大股から登っていき水ケ峰の尾根へと続く山道を一望にできる。ここから主として落葉樹が茂る伯母子峠(四〇〇〇フィート)への登りが始まる。峠の少し先の開けたところに十津川谷の境界線を示す標柱が立っているが以前はここに木戸があり当地域を外部とはっきりと区分していた。当地に居住する農民*は「士族」に列せられており朝早くから巾の広いズボン〔袴〕を着用し二本の刀を腰に帯びる侍の身なりで畠を耕作し荷を運ぶ姿を目にすることができるかもしれない。

*十津川郷士——古くから南朝の勢力圏にあって太閤検地のとき以来十津川郷には年貢が免除され農民には郷士の資格が与えられた。早く尊皇攘夷を唱え禁中護衛のため上洛している。

上西《うえにし》(三三三〇フィート)には宿泊用の小屋が一軒あるのみで、大きな合部屋でざこ寝をするところだ。当地ではとても美味しい芋(朝鮮芋と呼ばれている)が収穫されている。少し休憩した後、森を経て山を下ると五十五分で山の支脈にわずか一軒の小屋が建つ松平（二一四〇フィート）に至り、さらに二十五分で沢（一一二〇フィート）に下りる。ここは神納川と左から流下する沢が合流するところだ。合流地点のやや上流で橋を渡ってその沢を越え川砂利の上を少し歩き浅瀬で対岸に徒渉した後また左岸に渡る。五分ほど進んで沢が左に曲がると五百瀬《いもぜ》である。ここで橋を渡って神納川を越え小ぎれいな旅宿がある三浦村へと登る。当地は高野から熊野への山岳道の中間点に位置しているとともに、道筋の旅宿よりもはるかによい施設を有しているのでここに一泊するのが適切である。丘を登り森に入る手前で後ろを振り返ると五百瀬の向こうに神納川へと下ってきた山道と、その上部にあって空き地に近く位置する松平の山小屋を見ることができるとともに左手には神納川の谷が横たわりその湾曲部の陰には清杉《きよすぎ》の小村が隠れている。この沢の右岸丘陵を登っていく踏跡は十津川地区のはずれの小さな集落にたどり着くものだ。いくつかの沢筋をつめていくと紀州へと越える山道があるが、住民以外の者にはほとんど利用されていない。三浦峠のおよそ十五分前で十津川本流を経て玉置山方面に向かう一本の山道が左へと分岐していく。

三浦峠の頂部（三三六〇フィート）は全くの裸山で、そこからは濃密な樹林に覆われた同じような高さの山並みが目に入るだけであるが峠を越えて下りにさしかかるや南西方向により高い山々があらわれる。その間にはこの経路の峠越えの中でも最も険しいといわれている果無峠《はてなしとうげ》がある。下降するにしたがって景色は興趣を増し頂点から十五分ぐらい下で今西の集落に属する古矢倉《ふるやぐら》(一三三〇フィート)の小屋に至るのだがまことに御粗末なところである。さらにもう一軒の小屋を過ぎて下ると西川渓谷の上部に位置し二本の大きな山梨の木陰にたたずむ三番目の小屋に至る。ここには清潔な部屋が一つあるが、そこから五分下降するとさらに良好でよりきれいな林助定《ハヤシスケサダ》の居宅がある。山道はここにきて急激に下降した後沢の左岸に沿って進む。最初は平坦だがやがて沢身が大きく湾曲するにつれて沢に突出する山裾を高くそしてさらに高く越えていかなければならない。川石の間を二時間半歩きさしたる村落ではない玉垣内《たまがいと》と永井を過ぎると、崖の端部にかかる渡し場の三〇〇フィートほどの高所に位置する六軒の小屋が並ぶ石楠部に達する。歩いてきた谷はまことに狭く、両岸に小村が点在しトウモロコシ畠が見られるものの、いずれも急な斜面に位置している。土壌もまた貧弱である。石楠部付近から熊野まで川を下る舟を時々調達できるものの確実性にとぼしく、特に降雨後は水量が増加し小舟が安全に流下できない。

果無峠をめざして渡し舟で沢を越えるとかじやの茶店までおよそ七〇〇フィートの激しい登りがあり、さらに九〇〇フィート上がると二番目の小屋に至る。この途中で西川と十津川の渓谷の興味ある景観が時折目に入る。最初の小屋の下部の曲がり角で立ちどまり、両渓谷が双方向から合流すべく勢いよく流下するさまを見下ろすのは価値あることだ。合流点とそれに続く川身は川に突き出す山裾に阻害されて視野には入らないのだが、この間にあたかも二つの急流が激突してお互いを全滅させてしまうのではないかとか、ともに大地の中に吸い込まれてしまうのではないかとの好奇心をそそられる。だが少し上部に登ると、合流した川身が再び姿をあらわし、険しく木の茂る丘陵の間を静かに西へ向けて下っていく。二番目の茶店から三十分で今では見捨てられた観音を祀る御堂へたどり着き、さらに二十分ほどのやや険しい森の中の登りを経て頂上（三四五〇フィート）へ到達する。反対側へ一時間ほど下ると「左七色へ、右本宮へ」との標柱に出合う。この下方で大和から紀州への境を越えた後山道は再び二つに分岐するのでその右側をとって進むと八木尾谷（四〇〇フィート）に至る。下降するにつれて川の景観はまことに美しくまさに道中随一と感ぜられる。というのはそれまでは山地以外の景色に接することがなく、時に奔流を渡る以外に水場もなかったためである。川身は石ころの多い川床を右に左にと屈曲して流下し本宮に近づくや広い渓谷を形づくって耕作地が認められる。

八木尾谷では、紀州の海岸沿いの新宮まで舟を調達し、途中本宮で三十分ほど右岸の水辺に接して森の中に立つ熊野本宮大社を参観して川を下るのが最も適切である。川の流量が多いときは六時間で全区間の川下りを容易に達成することが可能だ。

八木尾谷を出発し大居の村で大きく湾曲した後一時間で本宮に達する。森を抜けると社務所の前に着く。参詣の申込みは簡単に受理され案内人が付く。左手には「能」と呼ばれる中世の舞劇が演ぜられる舞台がある。区画された社殿は毎年の出水を避けるべく本来の地山から数フィート嵩上げされている。境内入り口には屋根付きの門が立ちその後部に神々を祀る七つの拝殿が木製の玉垣に囲まれて長く並んでおり、拝殿ごとに小さな門が置かれている。社殿は約七十年前に再建され、当時は「純粋神道」派の影響が始まった頃であって古式にかえった白木造りが採用されている。仏教の遺風として残されているものは、各拝殿の入り口上部に垂れ下がる幕の上に置かれた鏡のみである。当神社に祀られている神々の性格については不明な点が多いが、神道で最も高い尊敬を受けている左方の拝殿から順に、通常説明されている事項を掲げる。最初の拝殿は速玉之男《はやたまのお》と泉津事解之男《よもつことさかのお》両神を祀る共通のもので、この二神は日本紀に掲げられている一書によれば、伊邪那岐《いざなき》が黄泉《よみ》の国の伊邪那美《いざなみ》を訪れて地上に帰り不浄を断つべく吐いた唾から成り出たもので、最初の神はこのようにして黄泉の国の汚《お》穢《わい》を見てしまったことによる嫌悪感を払拭させて魂の安心を得る旨を象徴し、次なる神は死者と接触したためにこうむった穢《けが》れを自ら祓い浄める禊《みそぎ》を示す。二番目の拝殿は「神楽」殿である。三番目は主要な神である一ノ宮の拝殿であって、国土とその中の諸々の皇祖神の伊邪那岐と伊邪那美を祀る。四番目は太陽の女神と、国常立尊《くにのとこたちのみこと》すなわち大地の神を祀る。五番目は天之《あまの》忍穂耳命《おしほみみのみこと》（太陽の女神の息子と目されている）と天之《あまの》邇邇《にに》芸命《ぎのみこと》（太陽の女神の息子で通常天孫統治者と呼ばれている）と火火《ほほ》出見尊《でみのみこと》（邇邇芸命の息子）と鵜葺草《うがや》葺不合命《ふきあえずのみこと》（火火出見尊の息子で神武天皇の父）などの多くの神を祀る。六番目は迦具土命《かぐつちのみこと》（暑熱の神）と埴山姫尊《はにやまひめのみこと》（土の女神）と弥都波能《みずはの》売命《めのみこと》（水の女神）と和久産巣《わくむす》日命《びのみこと》（穀物の生育を具現する神）などの多くの神を祀る。そして最後の七番目はやや後部に立つ小さな社殿に天地のもろもろの神（天神地《てんじんち》祇《ぎ》すなわち八百万神《やおよろずのかみ》）を祀る。

上記の説明は、今世紀の初めに至るまでの長きにわたり勢力を維持した仏教の影響を排除し得た後に神道学者が形成した真新しいものであって、古くは次のようであった。一番目は伊邪那美《いざなみ》と速玉之男《はやたまのお》。二番目は熊野家津御子神《くまのけつみこのかみ》、別名は須佐之《すさの》男命《おのみこと》であって日本紀では用材木と果樹を生育する神、この神は熊野本宮の主神であり、玉置山の神社にも祀られている。四番目は太陽の女神。五番目は月夜見《つきよみ》（月の神）、須佐之男、蛭子《ひるこ》（伊邪那岐と伊邪那美が最初に生み損ねた子）、迦具土などの多くの神。五

〔六か〕番目は大和の二上山《にじょうさん》の権現、実際は大穴牟遅《おおあなむじ》と少名那牟遅《すくななむじ》（少名毘古那《すくなびこな》に同じ）が成り出した十五番目の子である邇芸速日命《にぎはやひのみこと》と一言主《ひとことぬし》（大和の葛城の神）と宇賀《うか》能売神《のめのかみ》（穀物の女神）。最後は吉野の小森明神と勝手《かって》明神と呼ばれる満山護法善神すなわちこの神社のすべての諸神を仏法から護る善神であって、他の拝殿のやや後部の社殿に祀られている。これらの拝殿の他に境内の外側に小さな拝殿があり、そのうちの一つには当社の主たる神官の著名な先祖であり本来の当地の神である地主の神が祀られている。入り口の門の左手には霊殿が位置し、一月七日夜と二月三日夜に祈念が行われるとともに「神楽」が演じられる。

西方には木馬を納める神厩舎、「神楽」殿、そして祝詞や古くから伝わる社宝を納める二つの神庫がある。神社と小さな集落の間を流れる音無川には最近美しく高い弓形の木橋が架けられた。

神社の開創時期については確実な説はないが、信頼すべき年代記の初期に至る以前に属する崇神天皇の治世の頃ではないかといわれている。当社祭神の性格についての説明に相違が見られるのは、一つには仏教学者が主張する熊野権現、すなわち仏が仮に神としてあらわれたのだと一括して把握することに起因するものであり、一つには今世紀初頭に「純粋神道」の影響の普及によって変化があった点に起因している。実際のところ当社のいくつかの社殿は、この国の古くからの宗教に比較してはるかに仏教と関係の深い両部神道の指導者によって創建されたものではなかった点は間違いのないところだ。当神社に与えられている本宮すなわち本来の宮殿という名称は、熊野川河口に、本宮と同様有史以前に景行天皇によって開創された新規の一連の拝殿から成る新宮すなわち新しい宮殿とは区別されている。かつて本宮は三百石の寺領を有していたものの、そこからの年貢はわずかなものであって、収入のほとんどは貸付金の利子に依存していた。それは一地方の二流の神社として位置づけられるもので、神官や従者はわずかな収入しか得られず、通常の補修もままならない状態である。音無川の岸辺に立つ巨大な「鳥居」は完全に荒廃し崩壊寸前にあるが、修復のための基金はない。おそらく、この神社の淵源が明確ではないことと、長きにわたり権現という名称を押しつけられていたことのために、国家による庇護が与えられないものとなったに違いない。中世にあっては日本の為政者がしばしば当社に参詣し、後白河法皇は三十四回も巡幸を重ねたという。本宮の向こう側の熊野川左岸には役《エンノ》小角《ショウカク》〔えんのおづぬ〕が、当地海岸から大峰に向けて初めて修行したときに百日にわたって滞在したとされている箇所がある。

本宮の西一里のところに湯の峰温泉群があり、その近傍には役小角の創建になる薬師如来を祀る東光寺《トウコウジ》が建つ。那智の帰途に当地に寄るのが都合がよい。音無川と熊野川との合流点で再び舟に乗って下流へ向かう。ここの小さな入り江は日本を代表する紋章と似ていることから巴の渕と呼ばれている。振り返って眺める神社の森と木橋は絵のようだ。十分ほどで支流の請川が合流してくるが、ここから丘陵を越えて那智へ向かう道が発する。この付近で、大和の大峰連山の最南端に位置する玉置山を目にする。舟は赤いツツジが水辺に育つ岩の間を過ぎ、周囲にはスギや香りのある実をつけるナラなどの天然木に覆われた険しい丘陵が続く。舟は通常二人一組の漕手によって流れに乗り入れていく。彼らは四本足の動物のようになって岸辺の岩石を押しのけて進路を確保し、かじ取りは舟尾にあってその動きを見守る。暗い緑色の水流から判断すると川はだいぶ深いに違いない。高い岩に囲まれて静かに流れるいくつかの箇所は、英国のモンマス州〔ウェールズ〕のワイ川のある区間に似ている。北山川との合流点のすぐ上方では石炭が採掘されている。この周辺では石炭鉱業が盛んだ。半マイルほど下流で左岸に楊枝薬師を祀る御堂がある。その仏像は柳の木の枝を刻んでつくられたとされており、またその柳の幹は京都の三十三間堂の棟木として使われているという。当地と右岸の志古《しこ》の間には渡し舟がある。次いで右岸から小口《こぐち》川が合流してくる左岸の和気《わけ》村に着く。対岸には上部の険しい岩山と下部の常緑のナラの森にはさまれた魅力的でささやかな山間の牧草地が見られる。

　これより下流部は切り立つ岩の間を湾曲し、多くの滝の難所を通過する。舟人の説明によれば銚子の口の滝、蛇のとぐろの滝（左岸）、布引の滝（右岸）、吹雪の滝（左岸）であり、岩礁の難所もある。新宮に近づくにつれて周囲の丘陵は次第に低くなり石の河原は急速に広がる。まもなく新宮を取り巻く森が町の背後にあらわれ城跡が河口に近い低い丘陵の丘の上に姿を見せる。

悪絶・険路の針ノ木峠と有峰伝説　一八七八年

七月十七日

A・G・S・ホーズ*と私は飛騨へ向けての山旅に出発した。二人の従者は、柳行李につめた荷物を二台の人力車にのせて、深夜の二時に先発していた。私たちは従者の後を追って五時にポニーの馬車で出発し、板橋〔石神井川にかかる板の小橋が地名となった。現在でもここに橋があるがコンクリート造りのしっかりした構造物となっている〕まで向かった。橋から先は徒歩になり、大宮と上尾の間にある天神橋《テンジンバシ》で朝食をとった。そこには二つの大きな茶屋がある。日中は歩いたり俥に乗ったりして先へ進み、鴻巣と籠原でまた食事をした。荒川には久下《くげ》村から江戸まで舟が下っている。九時半、新町に着き、とても居心地がよい郵便局に泊まった。午後は非常に暑くなり、日陰でも九十三度〔サトウはこの日記で温度を華氏で表現している。九十三度は摂氏三十四度程度〕に達し、人夫にとってはほとんど□□〔不詳〕。道路はどこも轍が食い込みひどい状態であった。

＊ホーズ――Albert George Sidney Hawes は一八四二年生まれの英国人で、英国東洋艦隊に乗務して来日した後、日本で除隊して肥後藩で砲術を指南し、維新後は兵部省・海軍省の御雇外国人として活躍した。陸戦隊の育成や海軍の業務マニュアルの作成などに従事し、日本海軍の真の父といわれる。サトウとともに『中央部・北部日本旅行案内』の編集にたずさわった。日本を離れてからはナイアサ、タヒチ、ホノルルの各領事の任にあり一八九七年に五十四歳で死去。

七月十八日　行幸用新道を経て碓氷《うすい》峠へ

五時に出発。草鞋《わらじ》を装着して烏川まで歩く。舟で川を渡りその後人力車で安中《あんなか》に向かう。九時頃板鼻《いたはな》についで朝食だ。この町から道はよくなり、富岡まで三里である。旅板鼻には小さな糸繰場もある。松井田まで歩いていき、角屋《カドヤ》という茶屋で休んだ。旅宿は寿屋《スヤ》。馬車がここまで来ている。新道が完成すれば、まもなく坂本まで車を使うことができるようになるだろう。ここで峠の山中まで行く荷馬を捜したが、馬子が貪《どん》欲《よく》なために条件を取り決めるには至らなかった。だが従者が運よく軽井沢に戻ろうとしている若者を見つけ、三十三貫目（二七五ポンド）の荷物を全部運んでくれることになったので、私たちは不快な気持ちを残してさっさと先へ進むことにした。松井田と坂本の間にある一軒の家で休憩したが、ここの主人はとてもよく人に慣れたカケスを飼っており、人の手からビスケットのかけらを食べる。左側に頭を傾け賢そうに見せ、時々羽を広げたまま歩く様はまるで演説でもしているかのようだ。また猫が鼠にするように食物にじゃれつく。刎石《はねいし》（最初の休憩場所）に着くと、新道沿いの栗ケ原で茶屋を建てた人にあった。新道は一気に高所をめざすものではなく、徐々に回りながら上昇していく。茶屋の主はしきりにその新しい建物を見せたがり、そこに泊まるように勧めた。両親と息子はとても善良な人で土地の動植物に関する知識が豊富だった。父親は腕のいい猟師である。虻《あぶ》が無遠慮に飛び回っている。非常にしつこくてにぶい奴らだ。また蚋《ぶゆ》には知らないうちに刺され、ぽつんと穴ができ後になってそこから血がしみ出てくる。その代わり蚊はいなかった。

七月十九日

夜間から朝にかけて大雨になったが、私たちが出発する八時には雨も上がった。新道*が峠の上までのびているので登りはとても楽だ。峠からの、特に頂上付近からの眺めはすばらしい。榛名山の山群と、その後に赤城が見える。そして峠の南側に屹立する岩壁、晴れた日にはその向こうの広大な平野と、そのはるかはずれに立つ筑波も見ることができる。眼下はクリの深い森・栗ケ原で周りを斜面に囲まれている。美しい眺めだ。数種類のシモツケソウ、単葉の白い葉脈のある包葉を持つ蔓のガマズミ

（？）、クワガタソウ、□□□〔空白〕ウツギ、黄色いオダマキなどを集めた。また案内役として同行してきた宿の主人が、花をつけたノギランを切り取って持ってきてくれた。オミナエシがちょうど咲きはじめだったが、これに似た花を彼はハクサンオミナエシと呼んでいる。ギボウシがたくさん見られ、非常に美しいホタルブクロ、タニウツギといわれているガマズミ（？）の一種□□□〔植物名で不詳〕、大型で白いカラマツソウ、蔓、それに大きな□□□〔同前〕がある。ウメバチソウとスカブリサス（ザツマ）は、まだ花が咲いていない。頂上には冷たくて美味しい水場があった。神主の家の裏手から峠の向こうに美しい風景が望める。この家は権現への階段の登り口に向き合っている。下山に取りかかったとき、束の間ではあるが浅間山が見え、また隠れてしまった。

＊碓氷峠の新道――サトウの一行は旧中山道の碓氷峠を越えて軽井沢へ出ている。峠の上野、信濃側にはそれぞれ熊野権現が祀られ御師（神主）の家が軒を並べている。このところで文中に「新道」という言葉が出てくる。明治天皇は維新後その威光を全国に示すためにこの年（一八七八年・明治十一年）の八月末に東京を出発し、北陸・東海道巡幸に出た。これに合わせて中山道の碓氷峠の前後に、御巡幸道路「新道」の建設ないしは既設山道の改修が行われていた。碓氷峠への急坂の傾斜の緩和などが中心で、そのコースも一部は変更された（刎石↓子持山↓峠のコースが刎石↓熊ノ平↓子持山↓峠となる）。サトウ一行がここを通過したのはその直前の七月のことで、部分的に通行が楽となった新道を利用できた

ものと思われる。

軽井沢までの下山は楽である。ここはこぢんまりとしたきれいな村だ。ここで少々食事をとって追分まで歩いていった。途中、沓掛《くつかけ》と借宿《かりやど》を抜けるが、廃れたような場所である。湿地帯にはたくさんのアヤメと、とても大きな薄青のシソを少し見かけた。湿地帯は全体に婦人の上靴のような黄色い花や、コルクの栓抜きに似たランの花に覆われていた。二時頃追分に着く。そこで荷物を小諸《こもろ》まで運んでくれる人力車を捜して一時間以上も浪費してしまった。先方はとるに足らないほど小さな山二つを越えなければならないとして、私たちがそれぞれ二人の人夫を雇うべきだと主張する。二度目のにわか雨に降られる中を出発し、村のはずれで右に折れた。そしてゆっくり着実にまず湿地帯を越え三谷《みたに》という村（濁った流れがある）まで下りていった。次に馬瀬口、そして平原に向かいそこで人力車に乗り四谷へ。このあたりは風景がとても美しい。ここから山を下り小さな川に出る。そして再び絵物語に出てくるような道まで登る。道は非常に高いカラマツがちらほら散在するアカマツの森によって仕切られ、四方八方に傾斜してそれを囲むようにさわやかな緑の芝生がある。低い丘陵を馬車が陽気に走り下っていく。ついで小諸の入り口にある橋に向けて坂を登っていく。

小諸はその大半が千曲川に近接した斜面に位置している。今日の午前中たどってきた土地は火山の泥炭と軽石でできていた。川の流れる切り込んだ谷の岸は、いずれも風雪で地肌の荒れた垂直の壁となっている。八ケ岳の頂上に雲がかかっており、飛驒山脈の連山が姿を現したがすぐに見えなくなった。八ケ岳から平野を横断し、浅間山へと猛襲した嵐による被害はすさまじく、ある時期に山岳地帯を襲う降雨という、自然の猛威の一端をまざまざと見せつけられた。小諸の上田右源治《ウエダウゲンジ》の旅籠に投宿した。ここの番頭は親切が過ぎてやかましい。昨夜蚋に刺された痕《あと》がひどく腫れ上がって赤くなり、悪い病気の痕跡のようになっているのに気づいた。馬車がここから上田まで通っている。一人につき二十五銭だ。現在のところまだ修復されていないが、来月天皇がそこを通るので問題だ。追分からの距離は三、五、二・二〔単位の表示はない〕。路上のあるところでは距離表示が実に厳密でインチ単位まで示されている！

七月二十日　絹をつむぐ村人たち――信州上田

午前五時に徒歩で小諸を出発。道はしばらく登りが続く。依然浅間山の麓を行くのだが、雪で白く縞模様のついた飛驒の山々が姿を見せる。千曲川が下方の左手にある窪地を流れているが見えなくなる。川の右岸には丘陵と絶壁が並んでいる。時折垂直にそびえ立つ厳しい岩山があり、それから砂と凝灰岩でできた断崖が、深緑色の木立と実ったトウモロコシ畑の間に混在して見られる。降り続いた雨のために道はぬかるんでいた。西原、渋田、滋野《しげの》、加沢《かざわ》の村落を通過する。鼻が尖って赤みがかった茶色の珍種の犬がいた。田中には七時半に到着し、中谷《ナカヤ》源兵衛《ゲンベエ》という宿泊もできる茶屋で朝食をとった。川では網でハヤと呼ばれる魚がかかる。また口の両端に骨質の二本の突起がある小振りのうまい鰍《かじか》もとれる。龍《りゅう》の髭《ひげ》といわれているユリのような花を、松井田付近で見つけた。ここで上田まで人力車に乗った。道は依田《よりた》川が合流してくるあたりで川の水位のところまで下る。海野《うんの》では、神社の周囲にケヤキの美しい森があった。次の村の海野新田で小諸〔上田か〕の上流から急流を下ってきている筏《いかだ》が見られた。ヒノキで作った曲物の荷を馬の背にのせ、木曾谷、大屋（村）、瀬沢、岩下、下《した》堀、上《うわ》堀から来た一行に出合った。下堀からは川沿いになる。川の対岸は山道一本の余地を残すだけで、山がほぼ垂直に流れに向かって降下している。

上田は大きな町で、海野町にある村田屋《ムラタヤ》伝兵衛《デンベエ》の旅宿や寿勝右衛門《コトブキカツエモン》の宿が良好だ。町のはずれに古城がそびえ、川に迫り出して粛然と建っている。城は実戦のための砦というよりは玩具のように見えた。芳泉寺〔漢字で表記されている〕という大きな仏教寺院が町を出てすぐのところにあり、僧侶がお経を読んでいた。舟の橋で川を渡り中ノ城の村落に至る。前方と左右に半円を描くように実に美しい高山の景色が見られ、その背後に浅間の斜面が控えていた。上田原で振り返ると山が断崖となっていて、その裂け目を通って千曲川がその先にある流域に流れ込むのだ。山間を抜けてはるかかなたに、紺色の輪郭の山脈が辛うじて見える。道は中之条、上田原、築地《ついじ》、小泉、岡村、浦野へ向けて広い平らな谷を横切る。浦野には旅宿も茶屋もないが、松本《マツモト》半三郎《ハンサブロウ》の家には立派な宿泊施設がある（ゆりかごに赤ん坊がいて前後に揺られていた）。彼は馬と去勢牛の周旋業者でとても礼儀正しい。浅間山の麓にある上田の美しい風景が、その村に入る少し手前で眺められる。住み込み料理人ありという趣旨の看板を掲げている家では、家人全員が絹をつむぐ作業にせわしなく従事している。私が食事を依頼するとびっくりしたようだった。幸いにも食事は直ちに必要というほどの状態ではなかった。保福寺経由で松本へ行くコースはあきらめ、代わりに田沢の温泉に向かった。そして道は山を越えて会田《あいだ》へと続く。中之条から当郷までの道はよく、荷馬車にも適している。当郷から道を折れ田沢へ。ここに宿泊する外国人は私たちが初めてだった。宮原正右衛門《ミヤハラショウエモン》宅に上がる。二階からは浅間山の眺めがすばらしい。温泉は明礬《みょうばん》と硫黄質で約九十度〔摂氏三十二度〕の湯だ。

宿の主人が言うには、会田に行くのは取りやめて、以前東条《ひがしじょう》、西条《にしじょう》と呼ばれていた本城《ほんじょう》に行った方がよいということだ。そこから近道で大町に向かうのだ。私たちはその意見にとびついた。九月は一番客が多くなるそうだ。大量の射干《しやが》（アイリス・ジャポニカ）を見た。田圃の土堤に大きな野生の三色昼顔と、鮮やかな黄色のキンポウゲが咲いていた。蚋に刺されたところが腫れてひりひりする。

七月二十一日

一晩中蚊に悩まされた。蚊帳を吊らずに眠った例がないので、ほとんど休めなかった。〔午前〕五時半に出発。日陰に朝鮮人参が生えているところを通過した。峠を少し登ったところにカシの巨木があり、小さな神社に日陰を作っていたが、直径は少なくとも五フィートはあるだろう。山道を行くと花で覆われた草深い山腹に出る。キキョウがちょうど咲き始めで、オミナエシは黄色くなり始めている。小型の歯状の葉をつけたカシワが豊富に見られた。浅間山、白根の方面の景色が千曲川の渓谷や浦野と別所の谷とともに見渡せる。はるか彼方には信濃と上野を分ける山脈の頂上が見える。一方行く手前方には信濃・飛驒の、さして重要ではない山がある。クジャクソウはあまり見られず、カンゾウ、マツムシソウ、リンドウが多かった。田沢から一時間で地蔵峠の頂上へ。その後山道は山の頂上を一マイルほど回っていくが、そこではペダツムがふんだんに見られた。右手に農家が点在する深い谷を行き、善光寺の近くの高山が垣間見られる。下り始め付近で山々がだんだん視界に入ってくるが、私が会った人々は誰もその名前を知らなかったし、案内人も同様だった。

下りきったところで川を渡り、再び登りになる。その道は山を越えて会吉《あいよし》と会田に向かうのだが、私たちはここで右手の小さな山道に分け入り、大沢の谷へと下りていく。東条《ひがし》と西条《にし》は松本と善光寺間の街道沿いにある法橋《ほうきょう》＊という町の一部になっている。初めのうち家屋はまばらに点在する程度だったが、そのうち集落のようになる。大沢で法橋から浦野に向かう道を左手に登っていく。この道は江戸まで直接通じているものだ。田圃の広がる平野に入り、中央にずんぐりとした塔のある、大きな白い学校を通り過ぎた。雨がひどく降った。田沢から法橋まではだいたい三里半だ。ここで休憩。冷やしそうめんを食べ、ひどく苦労して人夫を雇った。荷物より一足先に出発。下りの途中で左手の山道を経由する。左手の小仁熊《おにくま》の村落を後にして砂山に入っていくと、道は非常にごつごつしており、凹凸の激しい高い岩の崖になっている。石炭の鉱脈が砂岩の下にあり、石炭から頁岩《けつがん》が生じていて、この頁岩のために蔓植物がよく育つ。低い田圃を左手に向かって、二軒の家があるところまで登る。低い方を通り抜け川を渡り、道とも思えないような道に出て、絶えず左側を保ちつつ峡谷を登っていった。常に登り坂で耕された低い丘陵を過ぎ、さらに高い尾根に向けて松林を通り抜けながら上部へ進む。道は左側に迂回していき、やがて最高峰、萱野峠に着く。ここからは前方に美しい景色が見える。信濃飛騨山脈に連綿と続く尾根、その南方の麓には高瀬川がある。私たちの背後にある山は地蔵峠とその両側の高台だ。犀川にも視界が及ぶ。川は樹木のない岩尾根の間を縫い、次に前方に来る。

＊法橋——本城村は明治二十二年に東条村、西条村などが合併して発足した村で、当時の西条村の一つの集落が法橋であり、およそ七十九軒の家屋があったという。タバコ、養蚕、石炭の採掘などの事業が進められていた。またサトウが見た学校は、教育県長野の中で西洋風に新築されたものである。法橋という地名は現在ではまったく使われていない（本城村教育委員会の御教示による）。

この地点で山道は尾根に沿って左に行くのと、西へ下りるのとがある。後者の道を少し下ると標石があり、そこで左手の山道に入り、森の中を突き進み、池沢という峡谷へ入っていき、川辺の狭い山道をたどる。下生野の集落を抜けて再び川（川口付近）に出る。犀川の広くて速い流れに出合うと誰でも驚くに違いない。このあたりで川は高山と岩壁の間に囲まれる〔裏目峡《うらめきょう》の景観を指していると思われる〕。対岸は日岐《ひき》の村落だ。半マイルほど下った渡し舟場に向かう。そこには舟が川を渡るのに備えて、一本のロープが張られている。しかし船頭はそれを利用せず、竿で川岸沿いに上流に舟を動かしてから、思い切って川の流れに押し出すのである。舟はずっと下方まで漂うように流されてしまうが、対岸でまた竿を利用して岸に沿って上流に舟を押し上げる。日岐の村落を歩いて通り抜け、右上方の峡谷に向かう。橋のあるところで砂質の川原に下りていったが、ここでだいぶ疲れたので、道の情報が得られるまで待つことにした。ようやく池田に向かう善良そうな二人連れがやってきて、砂質の段々を登っていく川原のルートを教えてくれた。川原はほどよく湿っていて歩くのに気持ちがよい。上方で流れは三つか四つの谷に分かれ、断崖に行く手を遮られた水流はさまざまな模様を示す。数百ヤード登ったところで風景は最も美しくなり、日本でこのような場所は他に見たことがないほどだ。反対側には樹木の茂る巨大な山があり、通行不可能な障壁を築き上げている。その裾野は高瀬川の広い砂質の川原にまで及んでようやく終わる。私たちの足元から前方は青田の広がる広大な平野で、ところどころに村落や農家の建物が点在している。

山々のうち比較的知られているのは左手の山頂が平らな乗鞍、その反対側の有明山、右手の一番高い爺《じい》ケ岳だ。しかし槍ケ岳と立山は完全に姿を隠していた。このすばらしい眺めが望める山は風塩坂《かざしようざか》〔池田町大字陸郷《りくごう》にある小高い峠。生坂《いくさか》村から池田へ抜けるときに使われた。現在は小道が残されている〕といい、池田からおよそ四五〇フィートほど高いところにある。油屋《アブラヤ》□□□〔空白〕に宿泊する。ここに外国人が滞在するのは私たちが初めてだそうだ。そのために私たちは好奇心と疑惑の的となり、とうとうそれが高じて宿を見つけるために警官のお世話になるという事態になってしまった。ホーズの従者*が荷物を持って遅れて到着した。途中思わぬ災難が重なったためだ。険しい萱野峠を越える際に馬が荷物ごと転落してしまい、その荷物を今度は三人の人夫*に運ばせたのだが、一人で六九ポンド〔約三一キロ、八貫目〕をかつぐのが普通なのに、一人当たり平均で一〇四ポンド〔約四七キロ、十二貫目〕にもなってしまったというのだ。

＊従者と人夫――サトウの旅日記の中で、彼の山旅を助ける日本人を彼は servant と coolie として表現している。前者は本間三郎とかキクなどという、平生から彼の生活全般を支えている人々のことを指し、後者は旅の途中で随時雇い上げて、荷物運搬や案内を依頼する人々を指しているようだ。この訳書では servant を従者、coolie を人夫として訳出した。servant は通常家事使用人、召使、家来、下部などとさまざまな言葉が使われているが、幕末明治の来日英国人の servant であることを考慮して従者を採用した。一方 coolie は本来インドや中国の苦力、換言すれば低賃金で重労働に従事する労働者を指す言葉だが、明治の頃、日本人の間ではこのような使われ方はされていなかったものと思われるので、重いものの運搬などの力仕事をする労働者としての呼称である人夫を使うこととした。

七月二十二日

方言に特色がある。普通「ヒ」というところを「シ」という。「ナラ（バ）」を「ダラ」というのは八丈*と同様だ。行く〔to go〕ことを「デカケル」、水を注ぐ〔pour out water〕のは「ミズヲクム」。午前中ずっとひどい雨が降る。読書をする。一人の老人の話によると、飛驒のすべての山に登ったという。彼は登山道を非常によく知っている。彼が言うには、飛驒から白山、槍ケ岳、乗鞍、御嶽のすべてに登ることができるそうだ。立山の南方の越中にある中岳では、ざくろ石が見つかるという。脚絆《きゃはん》〔gaiter〕を準備するのがよいと付け加えた。昼頃雨はやみ、二時に出発した。大町へ向けて谷の東側の山の麓を巡る砂質の状態のよい道を行く。

*八丈島——サトウはこの年、一八七八年（明治十一年）の五月四日に、ディクソン、プライアー、ブラキストンなどと八丈島に向かい、新島、三宅島、御蔵島、八丈小島を過ぎて翌五日に同島へ上陸。八日に八丈富士へ登山するなどして十三日まで滞在した。同行のプライアーは横浜で商業に従事しながら蝶類の収集研究につとめた英国人。またブラキストンも函館で製材事業を経営しつつ動物の研究を進めた。二人の共同論文『日本の鳥類』などが日本アジア協会紀要に掲げられている。

途中にある宮本村の神社に雨乞いのお参りをしてきたという農夫の一行に出合った。彼らによれば大町の主要な農産物は米・生糸・タバコ・麻だそうだ。農作業の際に蚋《ぶゆ》に刺されないよう藁の松明《たいまつ》を持った一人の男がいた。多くの人々は同じ目的のために袴を身につけていた。大町は田舎の町で、池田と同じように大通りの中心を一本の川が音を立てて流れている。家々の屋根は平たく石で重しがしてあり、旅宿や休憩所などはどう見ても立派とは思えない。西洋の小間物を売る店が一軒あった。この町を出て左に折れ、高瀬川の上流のはずれを渡った。下流には松本方面のすばらしい景色が見え、その背後には甲斐の山々がそびえていた。黄色いオダマキがこの辺ではよく見られる。古厩《ふるまや》、新屋《あらや》、細野、牧、そのほか池田付近の場所では蚕を野放しにして飼っている〔現在の地図によれば古厩に蚕試験所がある〕。絹糸で刺繡のしてある、黒灰色の縮緬《ちりめん》一反を一フィートにつき十三匁でもとめた。つまり換算すると三五イギリスフィートを約二四シリングで買ったことになる。

七月二十三日　大雪渓をつめて針ノ木峠へ

午前五時に野口を出発。次第に雲が晴れていき、ヤハズガタケ〔スバリ岳のことか。翌日の日記から想定される〕、蓮華岳または五六岳《ごろくだけ》、爺ケ岳、冷《つべた》あるいはツメタが姿を現した。雲は左から右に流れていた。私たちの向かう針ノ木峠は蓮華岳のすぐ北にある〔蓮華岳と針ノ木峠はいずれも野口から見て西方向に位置する。ここでいう北とは西のことか?〕。高瀬川の左岸沿いにある大出を抜けて沢を渡る。この沢はあの三つの湖〔仁科三湖のことか〕から流れてくるものではない。次に森に覆われた荒地をかなり進む。「山の神をたたえて」と書かれたものとか、二本の錆びた鉄の槍の穂先といった類のものが、樹木に奉納されてある。高瀬川の谷を後にし、引き続き籠川の谷を登る。その頂上に峠があるのだ（無数のギボウシ、ワスレナグサ、モクレン）。異常に茂る藪、丈高のセリと一二フィート以上のイタドリの間を通り抜けて、安楽に一夜を過ごせる白沢小屋に向かった。ここで沢を渡って右岸に移らなければならない。そして引き続き山道を登って森を抜けると、大きなツリガネニンジンと黄色いホトトギスソウがたくさん見られた。さらに先に進み、まもなくもう一度急流の川床を渡ったところで、大量のナデシコと大きなノミノツヅリとオトギリソウを見つけた。この後高さが六フィート以上もある満開のハート形のユリと、他に名前のわからない背の高い見事なユリを見ながら、きれいで冷たい清水が流れている黒石沢と呼ばれる小屋に着いた。しばらくして雪渓の下端部にたどり着き、その上を果敢に進み始めたが、まもなく岸に山道が見つかったので再びその道に移り、雪の下に道が消えてしまうまで登っていった。海抜五五〇〇フィートほどの地点でイワカガミ、二種類のコケモモ、ウツギのつぼみと手のひら状のシラネアオイのお花畑を見つけた。カバはようやく芽を伸ばし、若葉になろうとしているところだ。雪渓が尽きると思われるところまで登りつめ昼食をとった。約六五〇〇フィートだ。

その後さらにいくらか雪上を進むと、急なジグザグの小道に出た。その山道は雪田のそばにある頂上の尾根に続いている。狭い水の通り道の底部を雪田が埋めているという形だ。この山道沿いには、スティルディウムなど目新しく興味のある実に多様な植物が見られた。特に頂上のアネモネ、キンポウゲ、ユキノシタ、コケモモなどは目をひく。高度はおよそ七五〇〇から八〇〇〇フィートだ。雨が降り出した。この地点〔針ノ木峠〕まで来るのにもう十時間近くも費やしている。荷物持ちの人夫のせいで、進行がかなり遅滞したのだ。頂上の下方に、大きな黄色のキンポウゲと黒いユリがたくさん見られた。そして花が咲いたシャクナゲとゴゼンタチバナも見つけた。二俣にある最初の小屋に至るまでの道中は、ずっと私たちの頭上に壮大な岩壁がそびえていた。その後峡谷の両側は傾斜が緩やかになり、全体的に木に覆われるようになる。灰色の花崗岩に沿って氷のように冷たい水が噴き出してくる。水があまりに冷たく、その影響で橋を渡る際に空気がひんやりと感じられる。七時に黒部に至り、不安定な橋を渡って川を越える。川は左手のヤリガタケ？〔黒部川を富山側に渡るときの左手の山といえば、このヤリガタケは槍ケ岳と思われるが、黒部川流域の向こう側に位置しているのであって、この記述は理解できない。サトウも「？」をつけている〕から流れ下ってくる。そしてとても清潔な新しく建築中の旅宿に向かう。

宿の人は峠越えは一五マイルしかないと主張するが、一五マイルというわりあい短距離の行程にこれほどの時間がかかるとは思えない。そこでこの道の企業者*は旅行者を驚かせないためにわざと距離と時間を控え目に言ったのだろうと解釈することにした。針ノ木峠の名は黒部側によく見られるハンノキにちなむ。人夫は蓮華岳の頂上にあるという貴重な薬草のことを口にした。それは昔から人が生きるか死ぬかを占うといわれている。もし水がめの中に入れたとき、それが開けばその人は生き、閉じれば間もなく死ぬのだという。ここ黒部は急流に沿って、ブナの原始林の中に物語の世界のように沈潜している。そしてここを、そびえ立つ森の深山が取り囲んでいるが、その山といえども当地方の後方の巨人たちの前衛でしかないのである。

*信越連帯新道と外国人登山――ここで「この道の企業者」という表現が出てくる。この道とは明治の初めから建設が開始された信越連帯新道のことである。信州のこの地方の食塩は糸魚川からの移入のみに頼っていたが、商人の暴利の対象となり、供給の安定もはかられていなかったため、針ノ木越えの新しいルートによって加賀から搬入をはかろうとしたのが、新道開設の直接の動機であった。信州、越中の有力者が資金を出し合い、「信州開通社」と「越中開通社」を組織し、総額一万四百円の予算をもって明治十年に着工された。大町市野口から針ノ木峠、黒部川、ザラ峠、立山温泉を経て大山町原《はら》に至る全長二十里十八町（八一・九キロ）、幅員二間の新道を計画したのである。そして、完成後は有料道路として運営し、二十一年十一ヵ月で元金を償還し、それ以降は無料で開放するとの目論見であった。料金は一人五銭、荷物があるときは七銭と予定されていた。
　しかしながら、着工後は長大な森林の伐採と道路工事に難渋し、資金も不足するに及び、なかなか完

成に至らなかった。当初の工期は二ヵ月の突貫工事によって完成されるとされていたのだが、結局、何とか人が通れる程度になったのが明治十三年（一八八〇年）であった。この年の七月十八日から八月十九日までの一ヵ月間に、わずかながらの有料通行者がいたことが記録されている。だが、その数ヵ月後の十月には、この新道の竣工は見込めないとして廃棄することが提案され、信州側は、熱心に事業の継続を要望したものの、越中側の反対が強く、結局このまま「開通」を見ずして事業を中止することとなったのである。サトウがここを通ったのは一八七八年（明治十一年）のことで、この頃は新道は開通予定の二年前で部分的に十分利用が可能であったものと思われる。黒部川の小屋も完成しており、サトウたちは無料で宿泊したものであろうか。以上、針ノ木新道の説明は『大町市史』第四巻（昭和六十年）に準拠した。『中央部・北部日本旅行案内』第二版の序文でサトウは、フォン・ゼドニッツ男爵からもたらされた情報として、この針ノ木新道は一八八三年（明治十六年）の夏から、ほとんど通行が困難になってしまったと解説している。この頃、この「新道（針ノ木峠）」を通過した外国人グループの記録は四つ、残されている。整理してみよう。

・一八七八年（明治十一年）七月二十四日　アーネスト・サトウとホーズ。大町から立山下《りゅうざんじた》へ。サトウ日記に詳述されている。

・同年七月二十五日　エドワード・キンチ。コースは不詳。ミルンの論文の中で紹介されている。

・一八七九年八月十二日　アトキンソンとディクソン。立山―御山谷―刈安峠―黒部―大町。アトキンソンの論文による。

・一八七九年八月末頃　マーシャルとダイバース。大町―立山下。アジア協会議事による。
後年、ウェストンは『日本アルプス』の中で、針ノ木新道開設後二、三年の間に、サトウ、チェンバレン、アトキンソンの三人が大した苦労もなく、ここを越えたとしている。同書で彼は一八九三年（明治二十六年）の針ノ木越えのとき「頂上付近の下生えの中から、峠の古道がかすかな痕跡を残していた。最初に針ノ木峠を開くことを計画した人が一八八四年に死亡した。それ以来、この事業は中断されたままになった」と解説している。また小島烏水《こじまうすい》も、チェンバレンは明治の早期に信州大町から越中立山まで、針ノ木峠を経て冒険旅行を敢行しているとして「早期登山時代のチェンバレン先生」に記述している。ところが、武田久吉は後年にチェンバレンはこの時、肺を患っていたのであり、針ノ木越えをしたのは弟のチェンバレンであると言明した旨の文章が「博士が褒めた二人」（羽賀正太郎『あしなか』第百三十八輯武田久吉追悼号）に掲げられている。本当であろうか。チェンバレン（一八五〇年・嘉永三年生まれ）には五歳年下のヒューストン・スチュアート・チェンバレンと六歳年下のヘンリー・チェンバレンという二人の弟がいた。チェンバレンが日本に長く滞在していた一時期の明治十年代に、彼らのうち一人（または二人）が日本を訪問した可能性（当時ヒューストン、ヘンリーとも二十歳代）はあるが、チェンバレン研究家の諸論文を見ても、このことについて触れているものは寡聞にして知らない。チェンバレンが気管支の奥の方に持病を持っていたことは有名だが、ウェストン・烏水によるチェンバレンの「針ノ木越え」説と武田久吉の「弟」説は今となっては確認のしようもないことのようだ（『あしなか』の記事については佐藤明氏から御教示を得た）。

なお、ザラ峠のことを千草峠というのは、近傍の山々に多く草花が咲いていることからのネーミングであるという（広瀬誠著『立山黒部奥山の歴史と伝承』昭和五十九年刊）。

七月二十四日　立山下温泉で有峰伝説を聞く

昨夜夕食にイワナという美味しい魚を食べた。黒部川で鳥の羽でできた毛針を使って釣ったもので、重さはおよそ四分の三ポンドあった。

五時五十分に出発。深い森を抜ける。おもにブナとクリ、それにいくぶんモミの混じる森だ。次にヌクイ谷という谷の北側の山脚を、ジグザグの山道をたどって登る。宿から四十分の地点で振り返ると、切り込みのあるピラミッド形の峰がとてもはっきりと見えた。あれはおそらくヤハズガタケ〔スバリ岳のことか〕だろう。正面のヌクイ谷の頂上は平らな尾根で、その左手に部分的に緑であったり雪を被っていたりする山があって、私たちはこの山を越さなければならなくなるだろうと思ったが、その推測ははずれた。草鞋を着けて歩いた。一時間で美しい連山の景観に出合う。その山並みは後五竜山《ウシロノゴリユーザン》という険しい峰とともに黒部川の渓谷を取り囲んでいる。

一時間七分で山脚の背の頂上に着いた〔ヌクイ谷峠、現在の刈安峠かと思われる〕。左手の越中の方に目をやると、深い峡谷が刈安平といううぎざぎざの岩のごつごつした頂上まで走っている。とても近く見えるので、簡単に飛び越えられるのではないかと思えるほどだ。後方には黒部渓谷の東側の境界となって走る、長い山脈が見える。そこはハイマツの深い緑と、ハンノキのそれより明るい緑に囲まれ、雪が斑になっていたり、筋状の模様になっていた。少し下って北東の方角に、とても高い峰が見える。もちろんすぐにそれが立山だと見当をつけたが、正しくない。峡谷に下り小川を横切り、ジグザグの山道をたどってその川の源流部に向かう。上部ではときどき谷の底部を埋めている雪を越えた。ナナカマド、ベニスグリにとてもよく似た果実と花を持つスグリ、白と紫のオンキアンサス、黄色いヤブカンゾウ、栗色のキイチゴ、コケモモ、黄色いスミレ、手のひら状のシラネアオイ、シナノキンバイ、大小二つの黄色のキンポウゲ、白のそれ、テンナンショウの仲間の植物多数が見られた。九時四十五分頂上（高度□□□〔空白〕）〔ザラ峠のこと〕に至る。振り返ると頭上に針ノ木峠がある。正面には越中の平野部と、湾曲した能登の青い山々、それらを区切る青い海が見える。そして神通《じんづう》川の白い筋が、この地域をまっすぐに横切っている。両側は人を寄せ付けない険しい山々だ。主にハイマツ（フジマツ〔原文のまま〕）とハンノキに覆われている。私たちが下ろうとしている眼下の谷は、北側を火山性の岩壁に遮られている。その下部は角ばった石の急な傾斜になっている。黄色がかった斑点のあるリンドウ（？）を、頂上を少し越えたところで見つけた。急な曲折の激しい道を下って細流の川原に出る。特に目を引く植物相はない。左岸に渡り、再び右岸に移る。

しばらくすると川原のわきに丸い池があって、そこから蒸気が上がっているのが見える。池からあふれた水は細流に流れ込む。橋を渡って再び対岸に移り、膝をついて登る。そして足場のない山道を、ふちまで登り詰めていく。側壁の傾斜が急速に緩やかになっている直径四〇フィートほどの池があり、水は青緑色で中央が泡立っていて、蒸気と硫黄が強い臭気を出している。指先を瞬間的に突っ込むだけでもかなり熱い。水辺で二人の男が硫黄花なるものを捜していた。それはつまり水の中の硫黄の沈澱物だ。宿の主人が言うには、一八五八年〔安政五年〕（二月二十六日）の大地震*が起こるまではただの淡水の池だったそうだ〔ザラ峠から凄絶な湯川谷を下っていくと、新湯の池と刈込池とが連続してあらわれる。後者が淡水の池であったのであろう〕。さらに少し先へ行ったところで急なジグザグの道をたどって平坦な砂質の川原まで下りていく。川原はときどき左手の切り立つ崖の高みから流れてくる川の水で氾濫する。四分の一マイルほど進むと正式には有峰という名で知られる温泉場にたどり着く。深見《ふかみ》六郎《ろくろう》が管理しており、彼はこの地を立山下《りゅうざんじた》の温泉とも呼ぶ。立山《りゅうざん》、つまり立山《たてやま》だ。温泉は対岸にあり、華氏百二十四度〔摂氏五十一度〕に達するただ一つの源泉から豊富に供給されていて、入浴に適するように冷水を足して使う。お湯も水も飲めるが、特に味は感じられない。

*立山大鳶《おおとんび》崩れと常願寺川――サトウが記述している災害は越中・北飛驒を中心とする大地震によるもので、立山大鳶崩れといわれている。これによって大鳶・小鳶の両山が大規模に崩落し、サトウが聞き取ったような被害をもたらし、富山平野一帯が泥水と化してしまったのだ。常願寺川上流の二大支流である、真川と湯川をはじめとする当流域の山腹の崩壊は、この地震とは関係なく、現在でも続いており、その治山事業は当域の最重要な課題となっている。

サトウやウェストンたちが宿泊利用した立山下温泉も閉鎖されて久しく、現在では利用することはできない。なお常願寺川の治山・砂防に関しては内務省の御雇外国人・土木技師のオランダ人ヨハネス・デ・レーケが、この川の実態を見て、これは川ではない、滝であると驚いたという話が有名だ。

周囲はまことに野性的で渓谷の奥を見上げるとリュウザン、すなわち立山と浄土山が険しい岩壁によって連なり一体となっている。そして□□□〔空白〕その右手には山脚の陰になっているがザラ越えの頂上がある。これは現在千草峠と名前を変えている。右側には荒れた平地が広がり、あの大地震の際に後の山である鳶岳から落下した巨大な岩塊が散在している。そのとき鳶岳から崩落した大量の土砂が谷を直撃し、流れを止めてしまったのだ。一ヵ月後、雪融水がその障壁を突き破り、下流の村々は泥水の大洪水にあった。格別美しいというほどでもない滝がいくすじも岩壁のあちらこちらから水を落としている。この付近の土壌はひどく不毛で気候もかなり厳しいため、作物はあまり育たない。柴や耐寒性の植物がまばらに顔を出し、湿地にはコケやモウセンゴケが見られた。

宿の主が有峰の村人のことを話してくれた。その村落の人々は平家の血を引き、身内だけで血族結婚をする奇妙な系統であるという。全部でわずか十一世帯、それぞれに三つか四つの家族がいて、金銭を持つことを許されない。外見は皆よく似ており、知力に限りがあるというのだ。ここからだと真川の川筋をたどって七里半であるという。この真川は湯川と合流して常願寺川となる。この他に上滝から続いてくる道を八里歩いていくという方法もあるそうだ。

前述した孫池という池〔青緑色の硫黄の臭いの強い池を指すと思われるが、孫池という名称はここが初出〕のそばでパルナシア・パルストリスが花をつけているのを見た。ウメバチソウという名がよく使われているものだ。

〔中ノ谷と五色ケ原――サトウはザラ峠を越えて湯川の谷を下っていく途中で、右岸に蒸気の上がる一つの丸池(a circular basin)を見た後左岸に渡り、そこで青緑色で中央が泡立つ硫黄の池(a pool)のところを通過する。これが現在の地図に示されている新湯であり、安政の地震までは単なる淡水池であったために、新しい硫黄の湯と呼ばれるようになったもの。新湯と称される前は孫池といわれていた。その趣旨はその直下流にある刈込池の孫ということだ。ウェストンも後年一八九三年(明治二十六年)にここを通過したとき、左岸に熱湯がたぎる周囲三〇〇ヤード(約二七〇メートル)の丸い池を観察している。サトウ日記にはしかしこの池の直径を四〇フィート(forty feet 一二メートル)と示しているものの、四〇ヤード(三六メートル)と訂正しているようにも判読できるのである。後者ならば周囲は約一二〇ヤード(約一一〇メートル)となるので、ウェストンの認めた長さに近いが直径四〇フィートでは全く計算が合わない。

ところでこのサトウ日記の文章からは黒部川からザラ峠までのコースがヌクイ谷峠―五色ケ原―ザラ峠であったのか、ヌクイ谷峠―中ノ谷―ザラ峠であったのか、なかなか判断しにくい。分解してみるとヌクイ谷の北側の山脚をジグザグに登る、山脚の背の頂上に着く、峡谷に下りジグザグの山道をたどってその川の源流に向かう、その上部には雪渓があった、黒部を出発後約四時間でザラ峠に着く――となる。この中にはあの五色ケ原のお花畑と平原の描写がない。これからすれば、ヌクイ谷峠（現在の刈安峠のことか）から中ノ谷へ下りて、谷沿いにザラ峠に進んだものと思われる。前述のウェストンの記録（『日本アルプス』）にも、五色ケ原の記事は見られないのである。また両者の黒部からザラ峠までの所要時間は約四時間であって一致している。針ノ木峠越えからザラ峠越えのルートは古来から悪絶を極め、特に中ノ谷は通行不能の険路であるとする指摘もあるが、サトウもウェストンもそして前述のアトキンソンもどうも中ノ谷を経て通行したのではないかと思われる。

広瀬誠氏の研究や故中島正文氏の収集した多くの黒部奥山廻りの古記録によれば、黒部川から立山温泉あるいは立山を越える道筋としては、すべて中ノ谷をつめることとなっていて五色ケ原経由のコースは全く見られない。加賀藩の黒部奥山廻りが廃止されたのは明治初めのことだが、明治十年の頃のザラ峠越えも中ノ谷経由であったとみてよさそうだ。」

七月二十五日　室堂の大地獄に驚嘆

六時十五分に出発。雨の降り出しそうな朝だった。ザラ越えの右に鷲岳、次にニゴシダニ、ユダニ、鳶山、そしてカワノクラと続く。左手の断崖は松尾という。地盤の緩い角ばった石の転がる沢筋を登っていった。さまざまな種類の湿地に生える雑草の間を踏み分けて進み、平坦な高台に出たが、ここからはすぐ前に述べた山々が見渡せる。真前に見える赤い断崖は天狗平で、浄土山の左に位置している。籐の茂みを通り抜けた後左に折れ、また別な険しい沢筋をぐらつく岩や切り立つ岩壁を越えて登っていく。その後左に曲がり藪に入り、草付きの房につかまりながら滑りやすい地面を体《と》を引き上げるようにして登る。案内役である本郷《ホンゴウ》の金兵衛《キンベエ》は、私たちのために岩壁登攀《はん》に備えてロープを持参していたが、私たち二人はこれに頼らずに登り切った。従者たちと他の二人の巡礼者はそのロープを利用した。雨が降り出したが、そのまま再び沢筋を行く。シカと同じ顔をしたカモシカはここではクラジシと呼ばれている。というのは岩（カビ）の穴（クラ）に棲んでいるからだ。方言で「はい」を「や」、「出した」を「だいた」、「ひ」を「し」、「ぶゆ」〔蚋《ぶゆ》のこと〕を「ぶと」と発音する。二時間半かかって、室堂へ通ずる道がその上に続く、平坦な土地の最高所に達した。それからは籐の茂みの中を長い間登ったり下りたりしなければならず、石のごろごろした水かさの多い沢身を下り、次いで何ヵ所か湿った草深い斜面を越える。激しく雨が降り、視界は全く奪われた。二本の山道が出合う地点からおよそ一マイル先で、小さな荒廃した小屋を見つけた。ずぶ濡れになっていた私たちはその中に逃げこみ昼食をとった。案内人はナナカマドをクマザンショウと言っている。沢身を登り続け、さらに二時間石ころだらけの荒地を進み、一時十分前に小屋〔室堂のこと〕に着いたが荷物はそれより一時間ほど遅れた。

午後四時半頃雨はやみ、雲もやや上がったので、小屋から北に約二〇〇フィート低いところにある巨大な窪地の硫気孔域を訪れることができた。丸い窪地が無数にあり、中でも最大なものはおそらく直径二〇フィートはあるだろう。その内部では熱湯や泥水、それに硫黄を多量に含んだ水などが荒々しく沸騰し泡を噴出させている。硫黄を多分に含んだ水の池の一つは、直径約一五フィートである。池自体でその水を空中に飛躍させつつも、結局大地の深い裂け目に吸い込まれて無為に終わり、池には泡立つ動きがとどまる。別の黒い泥の噴水池が自然に逆らっていこうとする努力は、無意味にさえ見える。その骨折りはいつも目的を果たさず、もとの窪地に収斂《しゅうれん》されてしまうのである。深い孔や割れ目から蒸気が噴き出す音はすさまじい。噴出池はどれも最高温度は華氏百九十度〔摂氏八十八度〕から百八十八度であり、硫黄の噴出池では百六十度にとどまる。窪地の片端から流れる細流の中に、四十二度〔同六度〕しかない冷泉がぶくぶくと湧いていた。大小すべての孔を数えるのは不可能だろう。小さいのになると直径二インチという孔もある。明らかに孔は時にはその場所を変え、時にはおそらく全く消えてしまうようだ。

巡礼登拝者のための小屋は、木造でとても風通しがよい。松の木の薪で火がたかれ、暖かかったが煙が目にしみて痛かった。寝具は全くなく食器やその他の用具もほとんど見られない。水と米だけが食糧として辛うじて入手できる。巡礼登拝者は、通常七月二十日から九月八日までの五十日間入山できるのだが、今年はすでに百人が登ってきている。ここからは富山平野の美しい展望が得られる。浄土山へは右の山道を進み、主峰の権現堂へはまっすぐ続く山道を行く。三番目の峰は別山という。小さな青いホタルブクロ、白いアネモネ、ユキノシタ、イワカガミ、黄色いウサギギクが豊富に見られた。白い花をつけた光沢のある丸い葉の小さな植物が、温泉を登りきった上部からさらに右に上がって小屋に着くまでの区間の至るところに生えていた。

七月二十六日　ガウランドの消息を聞く

今朝目を覚ますと激しく雨が降っていた。一日中雨模様となるに違いない。山の眺望は全く得られないので、登山を諦めることにした。小屋の煙がひどく目にしみるので、あと二十四時間ここに滞在することはできないだろうし、それ以上待ったとしてもこの悪天候は続くかもしれないと思われたのだ。七時四十五分、登ってきた同じ道を下り始める。鏡石まで一時間だ。この石は表面が平らな直立した岩で、右手の道沿いにありその石に覆われるようにして一体の彫像が置いてある。さらに四十五分ほど進むともう一つの道標石である姥石*、すなわち乳母の石がある。この名称は石の右側のわきの下に向かって特徴的な湾曲があることに由来する。この石は大石のごろごろしている前述した幾条かの沢身〔water course を沢身と訳した。だがここは室堂へと続く広大な弥陀ケ原高原である。信仰登山者が踏みならした軌跡であって降雨時等に水が流れるところ、すなわち水道（みずみち）とする方が近いかもしれない〕の一つのただ中に位置している。山道はこうした幾条もの沢身を縫って続くのである。九時四十五分小屋に着く。前述の温泉〔立山温泉のことか〕への分岐点のちょっと下にある小屋までには一時間十分を要した〔立山温泉から北に向かって松尾峠を越えて進むと、ここで述べられている姥石からのコースに合流する。その合流点の直下に追分小屋があった。サトウはここへ一時間十分をかけて到着したと書いているが、どこから一時間十分を要したのかは不明である〕。

しばらくの間雨がやんで、比較的はっきりと眼下の平野が見えてきた。小さな白いアザレア、ラン、アキノキリンソウに似ているが葉は小さくてアイリスのような植物の黄色い花を見つけた。十一時五十五分まで休憩し、それから一時間ほど直径一二フィートという巨大なスギの原生林の中を抜ける。そこは湿ったぬかるみのような箇所で至るところに枯木が浮き、丸太や木の根が沈んでいて何時つまずくかわからない。また岩やずるずる滑りやすい黄土の地面も見られる。中腹部のこのあたりは桑谷平と呼ばれ、ここと次の橅平《ぶなだいら》という森林帯の間の谷に小屋が建っている。主として高いブナの木が多いことから橅平と名付けられているが、この他スギやクリ、トチノキなども見られる。右手には地獄から流れてくる川に称名の滝という滝がかかっている。二時四十分に橅坂の頂部にある小屋に着く。下降は急だがその後山道は少し歩きやすくなる。二時間ばかり降り続いていた雨がやんだ。渓谷から山脚へ入るが、その最初の登りとなる材木坂に到着した。そして四時十五分前には下りに入っている。靴下と草鞋《わらじ》を取り替えた。下りは非常な急坂で、右側の断崖は眼下に地獄谷からの沢を望み、左手は常願寺川の渓谷である〔ここでは室堂の火山の噴出口から流下する称名沢を地獄谷と呼んでいるようだ。左の常願寺川はザラ峠から発している〕。いずれも樹木の茂る険しい山に囲まれている。大小さまざまの五角形の玄武岩の石柱が散在しているところに出た(ここである一人の女性が神社の始祖によって切り出された材木を跨いでしまったためにその直後にすべての材木が石になりかわってしまったという伝説がある)。

＊鏡石と姥石——立山開山伝説の中には立山・女人禁制の話が幾つもちりばめられていて興味深い。芦峅《あしくら》から先の山域は女人禁制となっているのだが、あるとき若狭国の尼が二人の美女を連れて当地に立ち入ったため、神罰を受けて跨いだ材木は石となり、尼も石と化して姥石になり、尼が山頂をめがけて投げ

た鏡も鏡石となってしまったのだという。サトウが観察した鏡石と姥石、そして材木坂にちなむ伝説である。往時の立山登山に際しては、弥陀ケ原の長いコースを弘法小屋から追分小屋へとたどり、疲れた体を姥石と鏡石の日陰で休めて先へ向かっていったものだ。現在は当時の登山道も廃れバスで通過して室堂まで達してしまうので、地図を見てもこのような地名も掲げられていないし、二つの小屋も消えてしまっていてさびしい。

四時四十分、川岸に出る（所要時間三十五分）。五時五分、荷物を先へ送ってホーズを待つ。腿の上に達する水かさの川を、中央部にある溶岩の巨塊まで徒渉してから波立つ奔流にかけられた丸太一本のぐらつく橋を渡って対岸へ移る。ここから山道は広い川床の右側に沿ってかなりの高みへと巻きながらスギの森に囲まれた芦峅へ続いている。私たちは神社の神官（衆徒）の長の家に泊めてもらうことにした。神仏習合が認められた頃彼は仏教信徒であったが、その後宗教上の利益を維持するために神道に改宗*したという。彼は酒を振る舞って歓待してくれた。また数年前当地にやってきたディロンとガウランドから教えられたとして、ドンドル Dondoru〔ロンドン〕というインギリス Ingirisu〔イギリス〕の首都について盛んに話していた。そして有峰には行かない方がよいとして、温泉の宿の主人から聞いたことと一致する次のような趣旨の話をした。ここから水島《ミズシマ》まで三里ある、そこを過ぎて峠まで八里の山道を登るのだが、その間は人家は全くない、米や他の食糧を持っていく必要がある、住人は稗を食べるだけで汁といえば塩水のことなのだ、十二、三世帯しかなく、それぞれに三、四家族が同居している、彼らの身内だけで血族結婚をするが、体格や知能の面で外部の人々に劣るところはない、平家の落人《おちうど》の子孫であるというのは確からしい、言葉は通常の日本語と少し違うようで慣れないと通じない、人の名前は古めかしい。**

＊芦峅衆徒の改宗――わが国は古くから神と仏への信仰を折衷して融合調和させる宗教の形態が確立されていた。芦峅の衆徒たちは、この神仏習合の趣旨で立山信仰（正確には御姥信仰――天照大神の世に天から芦峅に降臨した女神の神徳を敬うもの。芦峅の「立山略縁起」に述べられているところである）を各地の信者に宣伝し、夏の立山への信仰登山をすすめた。この結果多くの信者が芦峅に宿泊し、衆徒の重要な収入源となっていた。明治初年に京都の天皇が政権を得、神道の振興がはかられ、いわゆる廃仏毀釈運動（仏法を廃止し釈尊の教えを棄却すること）が全国的に活発となった。サトウはこのとき芦峅の人々も神道に改宗して、宗教上の利益の確保をはかったと観察している。

＊＊有峰伝説――この当時有峰を実際に訪れた外国人はデヴィッド・ヘンリー・マーシャルとエドワード・ダイバースの二人で一八七九年の夏のことであった。つまりサトウとホーズが芦峅などで有峰の話を聞いた一年後のことである。マーシャルはこの有峰訪問を一八八〇年の『日本アジア協会紀要』（第八巻第三号）に次のように発表している。

有峰の村には十三軒の住居があり（中略）村の人の様子は普通の集落の人のそれとほとんど変わりはない。（中略）翌朝、出発する前に村民の全部が私たちを見にやってきた。男、女、子供、彼らの誰を見てもおかしな様子は認められなかった。また、顔つきが似ているということもなかった。そして品物の交換とかお金の使い方もわきまえていた。（中略）村民は総じて非常に貧しいが幸福そうな生活をしており、外国人を見たのは初めてであったにもかかわらず、子供たちですら怖がらずビスケットを差し出すと受け取ってくれた。

有峰伝説――平家落人《おちうど》説――については、倶利伽羅の一戦（一一八三年）で木曾義仲軍に大敗した兵士の一党が、湯川の奥をめざして落ち、有峰を開村したという民伝はある。しかし「むろん有峰の開村はそれ以前にあったことは言うまでもない」（『大山町史』による）。とは言うものの「戦乱ごとに敗残者が波状的に遁入して来たことも有り得る」（同前）とされている。広瀬誠氏は、戦国の頃千垣付近に山城を構えていた武将川上中務が、武田、上杉両勢力の間にはさまれ、戦乱に巻き込まれて落城、山奥へ逃げ込み有峰に住みついたとしている（『立山黒部奥山の歴史と伝承』による）。いずれにしても有峰は僻遠の地にあり耕地も少ないところであって、稗などを細々と自作しているのみで、その戸数を見ると宝暦の頃三十四戸、文化・文政の頃二十五戸、天保の頃十二戸（この頃大凶作があった）、明治二年十二戸、大正九年十二戸となっており（同前町史）、マーシャルが言っている十三戸は間違いないと考えられる。そして住民は人口（戸数）の増加を厳しく抑制し、次男三男は信州、飛驒、越中に送り出されるか、あるいは流亡して交流を断ってしまう例が多かった。このように食糧自給率が低く、常に人口が飽和状態にあった有峰が、自ら他郷と交流を断って細々と長期にわたって生活を続けなければならない事情にあったものと考えられる。サトウはこのような事柄を周囲の人々から民話風に脚色されて聞いたものと思われる。

なお中島正文氏の収集した古記録によれば、ある年（およそ幕末の頃）の稗などの作付面積は、稗二万七千百十五坪（約九町歩）、蕎麦二千八十坪、粟五十坪、小豆三十坪、南瓜三十坪、大根八百二十坪、麻四百二十坪、蛇からいも三百坪、人参五十坪となっている（『黒部奥山廻記録・越中資料集成12』一九九〇年、桂書房刊による）。

七月二十七日　江戸のパークス公使へ報告

終日芦峅で休む。立山の開祖、佐伯有頼を祀って七〇一年に建立されたオカミノ神社〔現在の雄山神社〕の主席神官である佐伯正憲《サエキマサノリ》の家に滞在する。本殿あるいは祈願殿の裏には、三フィートほどの高さの土塁の上に、常緑のシラカケ〔シロカケのことか〕が植えてある佐伯有頼の墓がある。それはおよそ八平方フィートにわたり不整形な石が張られており、古いスギの立派な森の中にある。このほかに文武天皇を祀る大宮と、手力雄神《タジカラヲノカミ》を祀る若宮の二つの神社がある。有頼の父はこの一帯の領主で、鷹狩の大の愛好者だった。父が宮廷に出て留守のとき、有頼はもし逃がしたら家へは戻らないと約束して、継母から父の気に入りのタカを借りだした。彼は二五マイル北のカジカノへ鷹狩に行ったがタカを見失い、現在の岩峅寺《いわくらじ》の建つあたりまで追求してきたところ、一匹のクマが現れたためにタカはそれを見て恐れ、戻ってこようとしなかった。そこで有頼はクマに向かって矢を放ったが、クマとタカは川の上流へと逃げ込み、これを追って山を登った彼は室堂の反対側にある洞穴で、クマとタカが不動明王と阿弥陀如来に姿を変えているのを発見したのである。そして彼はそこに三年と三ヵ月残り、神社を建立した。彼の家来はすべて佐伯という姓を名乗ることとなり、そのうちここ芦峅には十一世帯が、そして三十七世帯が岩峅寺に居を構えることとなった。かつて神社にはそれぞれ五十俵の扶持米が、各家には十三俵のそれが支給され、神社の建設費も藩主の負担であった。この扶持米の制度は現政府になって廃止されるに至った。村落は絵のように美しい。かや葺や板葺の家が竹やスギ、モクレン、クリなどの樹木に包まれるようにしてたたずんでいる。アザレアや大きなオトギリソウが家の裏庭に咲いていた。

〔江戸宛の報告書──芦峅で一日を滞在したサトウはこの日、東京のパークス公使宛に報告書を書いて発送している。針ノ木峠とザラ越えの難関、立山の地獄の硫気孔の活動、室堂での一泊、有峰についての興味深い情報などが記述されている。中山道の新道の建設にも触れている。そして雨にたたられて立山登山は果たせなかったものの、この針ノ木峠越えの信州から越中へのコースについての情報は江戸では得られないものだと評価している（ディキンズ著『パークス伝』高梨健吉訳、一九八四年、平凡社刊）。

針ノ木越えの邦訳──七月二十三日に野口を出て七月二十七日の芦峅滞在までの日記については、昭和五十三年十月二十五日発行の『富山県史だより』に福沢都茂子氏が訳出発表している。また萩原延壽氏による抄訳（『遠い崖』）もある。この二つの資料から御教示を受けた。感謝する次第である。〕

七月二十八日　神通川で籠の渡しを見る

夜明けとともにいつもの蟬時雨がまたはじまった。五時二十分に出発。常願寺川の谷を下り、シナキ〔千垣のことか〕という貧しい村を抜けて岩峅寺*へ向かう。

＊岩峅寺――岩峅寺と芦峅寺はともに立山信仰の拠点であり、宿坊も多い。両峅の坊数は時によって異なるが江戸期には芦峅三十三坊、岩峅二十四坊であったという。ともに立山伝説の絵図面である「立山縁起」と「立山曼陀羅」を持ち歩いて各地の信者の間を廻り伝説を流布宣伝した。芦峅の衆徒はおおむね越中から遠国に檀那場を持ったのに対して、岩峅寺の衆徒は地元の越中・加賀・能登・越後をテリトリーとした。なお峅という字は中国から渡来した漢字ではなく、日本で作られた国字であって谷、崖などを意味するクラという語に当てたもので、岩・嵓という字を使うところもある。立山衆徒の創出になるという。以上、立山信仰に関する記述は広瀬誠『立山黒部奥山の歴史と伝承』によった。

立山の神官職を世襲している一人である佐伯慶治《サエキケイジ》という人の家で朝食が用意されていた。夜明け前に私の江戸宛の手紙を持って富山へ出発した飛脚に、芦峅寺の宿の主人が佐伯に宛てた短い連絡文をも同時に託送したのだ。芦峅寺から一マイルほど川を下ったところで橋があり、それを渡るとその先はミズイシ〔小口川沿いの水須のことと思われる〕（一時間二十五分）を経て、有峰へは八里である。上滝《かみだき》近くの川でイワナ釣りのために人夫に竹竿と餌が渡された。食事は茹卵とキュウリの薄切りに胡麻をまぶしたもので、それが主人の精一杯のもてなしだった。このあたりの川床はとても広く、水流は三、四条に分かれて走っている。ここを二度も徒渉し、次いで深いところは舟に頼ったが、舟はあっという間に川を渡ってしまう。四条目は狭い板張りの上を渡った。＊渡りきると大きな石で築かれたすばらしい造りの堤防があり、これによって上滝の村は洪水時の災害から護《まも》られているのだ。

＊立山橋――岩峅寺より大山町役場のある上滝へは、常願寺川を右岸から左岸へ渡らなければならない。川幅は非常に広く、現在は立山橋が架けられ、道路と富山地方鉄道が走っている。常願寺川はこの付近から常西合口用水や太田用水を派生し、富山平野へ農業用水を供給している。上滝側にはサトウが観察した強固な堤防が設置されている。

この区域の家は間取りが広く、玄関には土間があって、たいていは間口いっぱいに広がっている。この村を通過した後、道は水田が一面に広がっている谷を徐々に下りていく。石灰窯。能登の低い山並み、富山の海岸の樹林が見えた。花崎、上浦、東黒牧、福沢の各村を抜け、次第に左側にカーブしていき、砂質の松林の山脚を越え、また水田を横切って二本松へ至る。富山から高山に向かう街道沿いにあるこの貧しい村は、富山から三里しか離れていない。カムラには真成寺〔漢字で表記されている〕という真宗の寺院があり、いくつか快適な部屋がある。庭園には一筋の清流が導かれ、気持ちよく宿泊できる。荷物が到着するのを待ちながらそこで茶を飲んだが、それとの合流ができないまま出発したので、僧侶に謝礼を提供する余裕がなかった。一時に二本松に着くと、そこには荷物が到着していた。そこで若干のお金を取り出し、一筆御礼の手紙を添えて真成寺の僧に送った〔二松はこの地区の大字名《おおあざ》であるが、往時は二本松といい、旧舟峅村の中心地であった。昭和十年代までは二本の大きな松があった〕。温度計は日陰で九十度〔摂氏三十二度〕を示した。昼食の後二時に出発。街道は石混じりのところや砂っぽい区間があり、時に通り雨が駆け抜け、ようやく神通川の右岸に出る。対岸は笹津だ。ちょうどこの地で川は丘陵部から出て平野部に向かうのである。二十五の村落から成り立っている、舟の峅と総称される箇所で少し休憩し、牛ケ増《うしませ》などいくつかの村を通過し町長《まちなが》に至る。深く、緑色に映える流れが、両側の岩山の間を縫いながら美しい渓谷となり屈曲して続く。岩山の上方の斜面にはトウモロコシの畑と水田がある。小さな集落がここかしこに点在し、さらにその上部はまた樹木の深い森となっている。町長で川は狭い谷から抜け出し幅員を増す。山道は登りになり、造りのしっかりした幅八フィート、深さ三フィートの水道*と同じ高さに沿って続く。水道は、吉野と町長間の右岸に合流する支流である、薄波《うすなみ》の谷に源を発している。七十年前に完成し、谷の右側を舟の峅へと流下している。そういえば私たちは牛ケ増を過ぎてからほどなくこれに気付いていたのだ。

*舟峅用水――吉野・町長間で神通川は大きく湾曲している。その湾曲点の薄波に長棟《ながと》川が合流してくるが、この長棟川から舟峅用水が取水され、舟峅地区の数百町歩の水田（神通川右岸の大沢野町＝現・富山市に広がる農地）に対して農業用水が供給されている。この用水はサトウの説明にあるように一八一

六年に加賀藩により完成された。

道はヴィアマラの様子に似ているが、トンネルや狭い橋から下方の急流に大石が落ちるがままになっているわけではない。このあたりの狭く険しい両岸の崖は、水際から樹木や藪が繁茂し、時に川縁の境界を隠しながら、空に向かってそびえている。山道は水路と険しい崖の間を峡谷の一つ一つのカーブに沿ってできているので、そこを歩いていくのはいくぶん気持ちがよい。前述した支流を渡ってから開墾された高台を越えたところで、谷は再びその幅を広げて吉野へと下っていく。対岸は絵のように美しい片掛の村落で、実物そっくりのスイス風の小屋が見られる。畳もない粗末な宿だが、鱒の焼き物と鮭のカツレツの美味しい夕食をとった。海抜七〇〇フィートにも満たないところだというのに、蚊は一匹もいない。籠の渡し*を見に連れていってもらった。丈夫な四本の縄で撚《よ》られたロープを川幅の狭い箇所に渡し、両岸の柱か岩に固く縛り付ける。四本の折り曲げた枝を上端でしっかりと結び付けて、下側の底に輪を結わえて作った籠をこのロープに吊して動かす。籠の下部は何の支えもなくぶら下がっているだけなので、これに乗る人は下部に足を踏ん張り、両手で上のロープをしっかり握り直立して渡るのだが、その様子は蛙がジャンプしようとして身構えるのに似ている。このようにして徐々に籠をロープに沿って進め、やっと無事に対岸へ着地することになる。籠の下に細い線が結び付けられているが、次の利用者がもし籠が対岸にある場合に、その線を手繰って引き寄せることができるようになっているのだ。

＊籠の渡し——ここで説明されている籠の渡しの構造と操作方法はわかりにくい。そこで『中央部・北部日本旅行案内』第二版の三一九頁から三二〇頁にかけて記述されている解説を摘記してみよう。

四本の頑丈な麻のロープが、川幅が狭い箇所の両岸に張り渡され、籠がつり下げられる。この籠はごく簡単なもので、丸い底は小枝で編まれ上部には丈夫な枝で造られた二本のタガが組み込まれ、このタガの中をロープが通されるのである。川を渡ろうとする人はこの籠の中に乗り込み、底部に足をしっかりと固定して十分に前かがみになり、頭上のロープを両手に握りしめ、蛙が跳躍するようにして籠を動かして対岸に行くのである。細心の注意を払わないと、初心者などは籠を後に置いてきて、自分の体だけがロープにぶら下がっているという事態になりかねない。

ついでにウェストンの『日本アルプスの登山と探検』（黒岩健訳）の中で籠の渡しがどのように紹介されているのかを見ておこう。

まず籠の中へ入り、太綱を握り脚は籠の底を踏んばる。そのままの姿勢で蛙跳びの要領で前進する。この場合大切なことは籠を脚で制御することだ。これを誤ると、籠は後ろに取り残されたまま、泡立つ激流の上で宙ぶらりんになってしまう。

両書の記述はほとんど同じである。籠の渡しに関する考証は広瀬誠氏の『立山黒部奥山の歴史と伝承』に詳しい。なおヴィアマラとはスイスアルプスのヒンターハイン川に続く渓谷である。

川ではアユが網にかかる。また、マスも網か骨太の四本刃の釣り具でとることができる。一尾八、九ポンドに達する。かつて吉野には埋蔵量の豊富な鉱山*があり、当時は千戸もの家屋があったが、現在はわずかに三十二戸しかない。私たちが泊まった宿の親切な主人は村山吉四郎《ムラヤマキチシロウ》というが、まだ五十四歳だというのに七十歳くらいに見える。芦峅から水須、薄波を経由する山越えの九里の近道らしいものがあるという話だが、おそらく私たちが歩いてきた平坦部の十一里よりも長丁場のものだろうと思われる〔神通川支流である長棟川を薄波からさかのぼって山を越えると、常願寺川の流域に入る。そしてその主流である小口川を下っていくと芦峅に至る。このルートを指しているものと考えられる〕。

*吉野銀山——一五七三年（天正元年）に開かれ、慶長、寛永、寛文にかけて盛況を示し、物資や人の出入りが多かった。延宝の頃（一六七〇年代）に出鉱量が急減していった。

秘境奈良田から南アルプス初登頂　一八八一年

七月十四日

荷物を前もって本間三郎と人夫の弥一《ヤイチ》に持たせて先発させていた。私はこの日の一時頃に車夫二人が引く俥に乗って出発した。四谷大木戸を午後一時二十二分に通過。三時四十五分に田無に着き、小ぎれいにしている小さな家で十分ほど休息した。そこは秩父街道と青梅《おうめ》街道の分岐点を少し過ぎた左手にある近郊の農家だった。

昨日の大雨のために道路は大変ぬかるみ、俥を下りて歩かなければならないほどひどい箇所がいくつもあった。小川〔小平市小川町〕は道路に沿って長くのびた、農家がまばらに散らばる村落で、かなりの広さの豊かな畠と竹林に囲まれていた。宿が三軒あって、小川屋旅籠はまずまずだが他の二つは低級のようだ。

小川のはずれを出ると、まもなく青梅橋で、たもとにはいくつかの茶店が並んでいる。道は玉川上水から分かれている小さな支流〔野火止《のびどめ》用水〕とまじわり、そこから橋を渡って右に向かう。それから先はもう乗り物を使わない方がよかった。道の状態は先般のハンネン夫妻〔ニコラス・ジョン・ハンネン。横浜の英国裁判所裁判官〕との旅の時を彷彿とさせるほど悪かった。あのときも青梅まであと四、五里というこの付近で手間取ってしまった。あたりの平地は今ではすっかり農地にされているようだ。主なる作物は、蕎麦、ウリ、大麦などだ。ウツギの垣根が耕地の間にあって、作物を冷たい強風から防ぐ。垣根がなかったらトウモロコシはこれからというときにやられてしまう。こうした垣根を施すなどの工夫は日本の平野部ではごく当たり前のことされている。

道に迷いながらも、私たちはようやく三ツ木《みつぎ》〔武蔵村山市三ツ木〕の集落にたどり着いた。平野の北側にあって境界をつくる丘陵の麓に位置するところだ。このようにして箱根ケ崎〔瑞穂町箱根ケ崎〕へ、遠回りをして午後七時十分前に到着し島屋《シマヤ》という宿に上がったが、部屋数は多いものの設備は悪い。一番良好な部屋は養蚕に当てられていた。

七月十五日　外国人に割高な宿泊代

宿屋の主人はすでに茶代として四十銭を受け取っておきながら、さらに宿泊料として七十銭を要求してきた。私が従者を通してそれを断ると、今度は五十銭でどうかという。それでも不当と思われたので、主人を呼んできて何故そのような高い料金を請求するのかと問い質したところ、外国人は常に一人一部屋を求めることから、高めに設定するよう旅館仲間で決めてあるのだというのである。今回の宿泊では、私たちは全員相部屋だったのでその旨抗弁すると、しぶしぶながらやっと普通の料金とすることで納得した。その額は二十四銭であった。

七時五分過ぎに出発。十分ほど進んだところで右へ分岐する道があり、それは名栗《なぐり》を経て秩父の大宮〔秩父市〕に向かう。八時に新町〔青梅市〕に到着。一里以上は歩いたことになる。村の入り口には大きな桜の木が二本あって、一番太いところを測ったら六フィート一〇・五インチ〔約二メートル一〇センチ〕もあった。この村には旅宿がない。そのまま通過して八時四十分に青梅に至る。入り口の左手に武田屋《タケダヤ》と坂《サカ》ノ屋《ヤ》という二軒の旅宿があり、その先で凸凹の階段を上がると八坂《やさか》大明神を祀る神社の前に出た。社の中にはつくられてから七十年はたつと思われる古い彫像、主として鳥と伝説上の動物が置かれている。土地の人の話によると、崇拝されている神は住吉といわれているそうだ。

青梅の名産物は縞の織物で、また下村《シモムラ》では梅干し、沢井では柚を産する。町並みを左方へ向かって進んでいくと若狭屋《ワカサヤ》あるいは若常《ワカジョウ》という立派できれいな料理屋があっ

南アルプス
0
20km
諏訪湖
諏訪大社上社本宮
辰野
金沢
八ケ岳
御堂垣外
芝平峠
富士見
長野県
瀬沢
神代
蔦木
塩沢ノ湯
金峰山
伊那部
高遠
教来石
信州
駒ケ岳
小出
三峰川
台ケ原
宮田
甲州駒ケ岳
山梨県
青梅街道より
空木岳
赤穂
中田切川
仙丈ケ岳
釜無川
韮崎
鳳凰山
南駒ヶ岳
飯島
与田切川
甲斐ケ根（北岳）
甲府
間ノ岳
芦倉
片桐
甲府盆地
農鳥岳
笛吹川
天竜川
奈良田
塩見岳
飯田
鰍沢
荒川岳
八幡
知久平
富士川
早川
本栖湖
赤石岳
越久保
小川路峠
聖岳
身延山
上村
久遠寺
波木井
和田
光岳
南部
青崩峠
松野
岩淵
三島へ
静岡県
大井川
安倍川
江尻
駿河湾
秋葉山
清水
秋葉神社
静岡

た。絹の日傘を一本一円二十銭で買う。九時十五分に出発、十時に万年屋《マンネンヤ》に着く。万年屋橋のちょうど上にある茶屋である。橋を渡り対岸を登っていくと、まもなく川の右岸に沿ってきちんと整備された日影《ヒカゲ》街道と呼ばれる大きい道路に出た。十一時十分過ぎに払沢《ほっさわ》に着く。ちょうど上沢井の反対側にあって高橋という橋に近い小さな集落だ。この経路の方が、左岸の道を行き高橋を渡るよりもずっと近道になる。ここでどんぶりに半分ほどのまずいソーメンを、ウィスキーの薄い水割りで流し込むようにして食べた。この旅宿では蜜蜂を飼っているのだが、蜂がどこから蜜を運んでくるのか知らなかった。青梅からここまでは容易に男二人が引く俥を利用できたが、この先は馬か駕籠が必要になろう。

　沢井にある山口屋旅館はこの橋のずっと下にある。十一時半に出発してまもなく道は次第に登りになった。とても暑いのだがコートを重ねている上にネルのシャツを着ているのを、どこかへ脱ぎ捨てることもできない。頂上にある神社*に一時に到着。御《み》嶽《たけ》というところだ。汗みずくになり、大変疲れた。そこには古い朱色の伽藍と当世風の塗装の施されていない拝殿が別々に囲われてあった。付随している拝殿もまた赤い。社は大穴牟遅神《おおあなむじのかみ》、少名毘古那命《すくなびこなのみこと》、奇真智命《くしまちのみこと》を祀っている。私自身この奇真智命という神を知る光栄にはまだ浴していない。奥の院においてさらに高い山上にあるといわれるのは大和武尊《やまとたけるのみこと》である。維新前それは蔵王権現と呼ばれていた。そこから推察するとその基礎ができたのは、役小角《エンノショウカク》よりも後に違いない。

*御嶽神社――御嶽神社は御嶽金峰山《きんぷせん》蔵王権現といわれていた神仏習合の寺社であった。明治五年の神仏分離で御嶽神社となった。ここでは仏教関係の信仰は天保の頃から弱くなっていたので、激しい毀釈の行為はあまり見られなかった。すなわち幕末の頃から当地に国学者が来て滞留し、神官・御師《おし》の求めによって国典を講釈した結果、御師の幾人かは自ら国典を解釈できる水準にまで達していた。これに比較して社僧は勢力がなかったのである。神社の神体の中心は奇真智命（櫛真智命とも書かれている）で占を司る神。一月三日には鹿の肩の骨を焼いて農作の吉凶を占う神事をしている。奥の院の神体は大和武尊で、東征のとき当地に立ち寄り、山中で大鹿に出合ってこれを倒したところ全山鳴動して道に迷ってしまったが、白狼が現れて案内をしたという神話が伝えられている。以上御嶽神社の説明と『明治維新神仏分離史料』による。

私が昼食をとったこの茶屋の主人でもある御師は、神社ができてから少なくとも千五百年は経過していると、いとも簡単に説明していたものの、彼はどうも大まかな人物のようなのであまり信用はできない。この山にはもともと世襲の御師が三十六戸あったのだが、このうち五戸は破産し、十一戸は職をやめて下山していったという。あの御師の言うことだから当てにはならないが、彼らは自分たちだけの中で結婚するという。私が観察したところでは、彼らは高貴な顔立ちで、若い人たちは男も女も美しく血色のよい顔をしている。顔の造作が若干大きすぎるとは思われるが、日本人の平均よりずっと端正な顔立ちをしている。若い女性は誰もが相手が「南蛮人」であろうがなんであろうが、いとも簡単についていきそうな素振りを示した。

　以前パークス夫人がよく泊まったという宿を見に行った。そこから望む江戸の平野部の眺めは格別であった。私が携帯したお茶は地元の人に大変喜ばれた。この付近の山育ちの人はそれほどよいお茶を飲んだことがなかったのだろう。近くに湧くきれいな泉から汲み上げた水も味がよく、お茶をおいしくした一因かもしれない。

　三時十分に出発。山腹をぐるっと巻くように森の中を小道が続く。危険なところはない。オダマキの群れが絶え間なく見られ、チョコレート色の花弁をつけているのが多かった。四時に一群の雑木林に出合う。スギやクヌギやカツラなどが見られた。ここで小道は右に分岐し、尾根の反対側の斜面に向かって見えなくなる。その道を進むのだが、かなり急な箇所もしばしばあり、四十五分ほどで海沢《うなざわ》にたどり着いた。その十五分後に私たちは多摩川を渡った。川は険しい岩の間を流れ、青葉が茂っていて視界はよくなかった。五時二十分に氷川《ひかわ》に着き三河屋《ミカワヤ》に投宿。宿の人々は礼儀正しいが設備は悪く、一部の部屋ではまだ養蚕が行われていた。ここで多摩川にかけられている橋がある。御嶽へ行く人々は洪水のときにはこの橋を使う。というのは、洪水になると海沢より下方は通行不能になり山道もより危険になるからだ。

私はちょっと疲れている上に左足にかなりたくさんの肉刺《まめ》ができた。食事は主に米とスープ。この付近と下流のところどころには大きな傾斜した水車が見られた。非常に薄い水受けの間がかなりあいていて、車輪の中心軸が水車場に向かって上方に傾いている。水面よりだいぶ高い位置に作業場があるので、車輪を垂直にしては利用できないのである。

七月十六日　小《お》河内《ごうち》の名湯をたどる

七時十分に出発。境の村落を通りながら屋根がユリの花でほぼ完全に覆われている家を二軒ほど目にした。今がちょうど満開のときである。このような家はこの山腹のあたりではよく見られる。氷川から原〔貯水池左岸の熱海の先の水没した集落〕に至るこの短い道の風景は実に絵のようだ。九時二十分に湯場*〔原のちょっと上流。鶴ノ湯等の温泉があったところと考えられる。ここも水没した〕に着き原島幸一郎《ハラシマコウイチロウ》〔湯場付近には原島姓が多かった〕宅の二階の端の部屋に入る。

そこからは上流の景色が見えるだろうと期待したのだが、ケヤキやカエデで視界が遮られた。ベルツが何故この宿屋のことを「なかった」などと言おうとしているのかわからない。私とハンネン夫妻とで八、九年前に当地を訪れたときと全く変わらずにここにあるのだ〔エルウィン・ベルツはドイツの医学者で一八七六年（明治九年）から一九〇五年（明治三十八年）の間滞日し、東京大学で教師として勤務したほか明治天皇の侍医となる〕。

この宿の他に青木屋《アオキヤ》や鶴屋《ツルヤ》という旅宿があるが、どちらも利用する気にはなれないところだ。原島の家の最大の欠点は蚤がたくさんいることだが、専用の浴室があるのはまことに便利だ。氷川からここまではいとも簡単に歩いてきたので、距離にして二里半を超えることはないだろう。それなのに荷物持ちの人夫が到着したのは二時十分を過ぎたところである。一マイル〔約一・六キロ〕に一時間以上かけてのんびりと歩いてきたのだ。これには私は些《いささ》か腹がたった。彼は途中から自分で荷を持たずに自らの負担で馬を雇い荷物を運ばせていたのである。私が彼のその仕事ぶりを見て叱ったことから、賃料も彼の見込みより高いものとなってしまったので、結局自分で持ち運ばざるを得なくなってしまった。

私は茶代として二十銭、昼食のご飯とオムレツの代金として六銭を支払い、湯場を三時十五分前に出た。本間三郎に、今度からは人夫の側を離れないように命じた。このようにして何とか七時半に一行を連れて丹波山《たばやま》に入ることができた。

＊湖底の温泉——小河内ダム竣工三十年を記念して昭和六十三年に社団法人奥多摩湖愛護会（小河内貯水

池対策委員会の後身）が発行した写真集『湖底の故郷』にはさまざまな水没前の写真が掲げられているが、その中にサトウが休憩した湯場の概念図と、朝霧にかすむ湯の里の写真数葉がある。多摩川の左岸に細々と続く青梅街道の両側の狭い土地に集落があり、サトウが記した青木屋と鶴屋という湯宿も見られる。藁葺や板葺の粗末な屋根の家屋と宿屋が年代を経た老梅の下に続く。交通の発達しない江戸時代には伊豆方面に比べ江戸に近い温泉場として賑わいを見せたという（前掲書による）。水没後は湖畔に温泉の揚水設備（ポンプとタンク）が作られたが、現在は使われていない。最近この補償施設の機能を活用して湯場の復元をはかろうとする動きがある。ダムに水没してから三十三年間にもわたり活用されていなかったのは、三人が共有する温泉利用権の調整が進まなかったためで、このほど奥多摩湖愛護会がこの権利を取得した。これにより今後湯量の調査とその輸送手段の検討が始められることとなった。以上、平成二年五月二十二日付朝日新聞による。

地理局発行の地図*はところどころ間違っていて、私はその箇所にマークをしてある。川野では戸長の家に立ち寄り休憩をとったが、彼の好意で役場に保管してある村の地図を見せてもらった。これと対照すると、地理局の地図にはいくつかの重要な地名が抜けていることがわかった。この付近でいえば、川野と河内の間にある麦山という部落がそれだ。それに川野は図上でいえば、小川の下ではなく上になければならないのだ。

＊大日本全図第四号――このときサトウが持参した地理局発行の地図 *The Map of the Topographical Bureau* は、一八七九年（明治十二年）十二月に地理局地誌課によって作成刊行された『大日本全図第

四号　駿河甲斐伊豆三州図』であると考えられる。地質調査所系統の地形図・地質図や参謀本部系統の地形図が作られるのはもっと先であり、当時地理局が発行した地図はここでいうような精度も低いものでしかなかったのである。本図は二百万分の一の縮尺。カラー版で印刷も優秀である。図中に示されているものは国郡界、村、支所、県庁、宿駅、大道、支道、鉱山、河川、温泉、社寺、灯台、港などで、高山についてみると鳳凰《ほうおう》、地蔵、観音、薬師、駒ケ岳、仙丈岳、北岳、荒川岳、農鳥山《のうとり》（北岳以下三つを「総名白峰」と記している）、八ケ岳、金峰山、奥千丈岳、国師岳といったところで南アルプス南部の赤石岳、光岳等は表示されていない。毛羽表示で高度は示されていない。サトウが指摘する間違いのところを見ると、河内の次の上流の部落は川野になっており、途中の麦山の地名が脱落していて、彼の言い分が正しいことがわかる。河内も川野も麦山もすべてダムのために水没してしまったが、付け替えられた青梅街道沿いにわずかに地名として残されている。麦山という名は麦山浮橋の名称として使われている。現在の湖水を渡るドラム缶橋のところである。

鴨沢を少し過ぎたところから望む景色はすばらしい。この付近で道をつくるには、さまざまの困難を乗りこえなければならないだろうし、ところどころを横切るもろい岩盤の風化作用を食い止めるのも、不可能であろうと思われるので、その中でつくられたこの山道は優れた労作といえるだろう。勾配の激しい箇所は全くなく、常時崩壊のおそれのある部分に施した頑丈な石留工事によって、この山道は第一級のものになっている。荘厳な森の深い小さな峡谷が四、五マイルほど続く。川ははるか下流で落葉性の木々の濃密な葉かげへと姿を隠す。その終わり頃、角を曲がると高台の谷の広がりが目に飛び込んでくる。この谷は丹波山とトウモロコシ畑に囲まれた一、二の村落の間に横たわっている。木の壁と葺屋根はスイスのアルプスの風景を思わせる。二マイルほど下ると、道のはるか下の川堤沿いに煙霧の立ちこめた小さな村落がぽつんと見られる。保之瀬《ほのせ》の集落である。三時間の徒歩、途中一時間の休憩で六時四十五分に到着する。小菅はここから一里半のところにあり、以前は甲州へ抜けるのにそこから大菩薩峠を越えていった。

七月十七日　柳沢峠を越え甲州へ

今朝はだいぶ涼しく華氏六十六度〔摂氏十九度〕しかない。蚊帳なしで寝られたがその代わりにこれまでに経験のないほど蚤に食われた。宿の主人は弐右衛門《ニエモン》という。もう一軒安太郎《ヤスタロウ》という宿もあった。蝿も多くてとてもうるさい。もし立派な宿があれば一夏を過ごすにはもってこいの場所と思われる。

六時半に出発。九時十五分に落合に着く。物資運送の荷継所の他数軒の家があるだけのところだ。この付近では渓谷と樹木に覆われた断崖という、日本でも有数のすばらしい景色を見ることができる。途中までキイチゴのおいしそうな香りが周りに満ちあふれていた。道は急なところが全くなく、もう少し広ければ四頭立て馬車も容易に通れるだろう。渓谷に架かっている橋には実によくできてしっかりした造りのものがある。昨日も今日も旅人や荷物の運搬人に会っていない。落合に着いてやっと馬が運ぶ荷物を見た。

九時四十分に再び出発。一里七町ほど離れた峠の頂上に茶屋があると教えられていたので、昼食をそこでとろうとしたのだが峠〔柳沢峠か〕に着いたところそのような小屋は見あたらなかった。富士の姿は雲に隠れて見られなかった。頂上に着いたのは十時三十五分。出発は同五十分。そこから小道は真南に向かってのびている。落合より上の方は花崗岩が丸石状で、また本来の姿で小岩の間にばらばらに積み重なっているのが見られた。それは厚い沖積層に覆われている。非常に緩やかな登り道の周囲の樹木は、おもにカシとクリが多かった。荷物はおそらくずっと遅れるだろうからとゆっくり下り、十二時十五分に神金《かみかね》の「会社」〔通運会社か〕を通過し、同三十五分に大藤《おおふじ》の金子屋《カネコヤ》旅館に着く。ここで少しばかり食事をして横になって荷物のくるのを待ったが、三時半になっても現れないので先へ進むことにする。金子屋の一マイルばかり下方まで歩いて千野《ちの》橋を渡ってすぐのところにもう一軒の旅館田丸屋《タマルヤ》があり、見た限りではよさそうだ。藤木には大きな醸造工場があり蒼朮《そうじゅつ》〔キク科植物のオケラの漢字で、これの根を乾燥したものは芳香と微苦味を持ち健胃、利尿、解熱に薬効がある」を少々買う。ここには去年の今頃アトキンソンが訪れている。*

*ロバート・ウィリアム・アトキンソン――Robert William Atkinson は一八七四年（明治七年）から一八八一年（明治十四年）の間、東京開成学校、東京大学で化学を教えた御雇外国人である。一八七九年（明治十二年）の夏に八ケ岳、白山、立山などを越える登山をして、その成果を日本アジア協会の機関誌に発表している。日本酒の醸造法についての研究もしており、その関係で藤木の醸造工場を視察したものと思われる。

五時三十五分に笛吹川の右岸の窪平の旅宿に到着。道中ずっと楽な行程だった。道は塩山と尾根の間にある千野の教員宿舎から北に向かってのびている。宿の主人は大変礼儀正しい。川に下りて気持ちよく水浴をする。七時少し前に荷物を持って人夫が着いた。ここには蚊はほとんどいないが、他の虫が実にやかましく飛びかっていた。蛙が随分とぞろぞろ出てきている。このところ一週間以上も雨がないが、私としては海岸地方より乾燥している方が歓迎だ。

七月十八日　弓張峠でライナイトを調べる

丹波山の時ほどひどくはないにしても、昨夜の蚤もまた驚異的であった。宿の主人がここから金峰山《きんぷ》へ登り頂上で野営したらどうかと勧めたので、ある程度の登山の準備をしたうえで案内人を雇った。ところが出発寸前になって、雨が降り出し、少々待って様子を見たのだが結局諦めることにした。「蛙は雨を降らす」という諺があるが、昨夜の蛙たちの騒ぎは、たぶんそのことを示していたのであろうか。七時四十分に出発。雨の中をゆっくりと登っていった。この付近は西保《にしほ》という地名だ。最奥の家に着いたのは十時少し前だった。ここでちょっと休んでお茶を飲んでいると、村の小町といってもおかしくない十六か十七の小娘に興味をもたれてしまった。家人たちはきわめて親切でスモモの塩漬けをご馳走してくれたのに、通常の茶代を決して受け取ろうとせず、無理にお金を払おうとした私の方が恥じいってしまったほどだ。

十時半に出発しゆっくりと歩いていき、十一時十五分には弓張峠という頂に着いた。丈余の牧草の中を歩くので煩わしくうんざりした。頂上には四本の小径があり右は山の方へ、左は帯那《おびな》へ、そしてまっすぐ行けば御岳《みたけ》へと通じる。私は直進する道を選び下方の小川に向かって下っていく。頭上にはクリの花が咲いていた。川沿いにしばらく歩いてから右岸へと渡り、山腹を尾根に登っていった。その尾根からは荒川の渓谷が見下ろせ、そのそばにはトウモロコシの畑の高台が見えたが、川身は目にすることはできなかった。小径を下って十二時半には川窪の左岸に出、橋を渡り右岸沿いに御岳川にぶつかるところまで七、八町下った。この川は右側から本流に落ち込む小さな流れに過ぎない。これに沿って進み一時には村落に到着した。桂屋《カツラヤ》に泊まる。家の人は礼儀正しくヨーロッパ人には慣れていた。

岩に閉ざされた谷間は大変画趣に富んでいて天気が良好なときはすばらしいに違いない。今日は七十度〔摂氏二十一度〕を若干上回っている程度だ。土地の人は蚊はいないと保証したのだが、蠅や蚤などほとんどいないどころではない。今日、主として弓張峠で目を引いた草花はアマリリス、早咲きのキキョウが少々、ウツギ、タカネナデシコ、それにギボウシが若干、そして、マツムシソウはまだ花期には早い。

西保の上の方にはトウモロコシ畑（大麦か小麦かもしれない）が少々見られるが、まだ刈りとられていない。ライナイトについて調査したが、満足な結果は得られなかった。荷物は三時四十五分にようやく到着した。峠の向こう側の最後の集落でもう一人の男の力を借りた上での話である。

七月二十五日　高熱で生死の境をさまよう

今朝になって気分が少々よくなったので金沢へ向けて軽馬車に乗って出かけた。ところが徐々に気持ちが悪くなり、教来石《きようらいし》の八町手前の茶屋で待っているときには、ほとんど気絶しかけていた。そこで馬車を下りマットに横になって台ケ原に戻ることにした。口では表現できないほどに具合が悪く、生死の境をさまよったのではないかと思われた。宿に帰るとすぐに布団に入り暖かくしたところひどく汗が出、その後気分がよくなり始めた。一日の大半をうとうとして過ごし、食事は卵と鰹節《かつおぶし》をかけたおかゆ以外は何も口にしなかった。ホーズは非常に親切でかつ思慮深い。自分の使用人に甲府まで行かせてキニーネを調達し、病院へ熱のある病人のために薬の提供を要請する書状を持っていくように指示した。だが、もたらされた返事は病人を診察しないことには薬は出せないとするものであった。日本人はどうも規則に縛られ過ぎているようだ。

七月二十六日

八時十五分に荷物を馬にのせ、私たちは徒歩で出発した。人力車で金沢まで一人二円という法外な話があったのだが馬車全部の値段よりも高く、朝食後は調子がよくなったので歩いていくことにしたのである。九時十分前に教来石に到着。道は谷の間を緩慢に登っていく。右手の川との間には美しい松林が続くところが多い。八ケ岳からの火山岩と駒ケ岳からの花崗岩が接するところに、川がその境界を築き上げているのだが、この様子は誰でも容易に観察することができる。時々釜無川の絵のような姿が見え隠れする。若い男女の一団を追い越していく。これから信州との境を越えた机《つくえ》の村を皮切りに、巡回興行に回っていく途中だという。国境で立派な橋を渡って釜無川の左岸へと移る。下蔦木《しもつたき》という見栄えのしない村を過ぎてから活気のある蔦木本村へと入った。地理局の地図によれば釜無川は信州へとまっすぐに続き、左右へと流れ下る川によって国境が形成されるようになっているが、この二つの川というのはうそである。* 実際のところ釜無川は一、二マイルほどまっすぐにのびてから机の対岸で左へと回り、道は常に川原の中を行く。右岸は依然として甲州であり、国境の橋から先の左岸は信州である。神代《じんだい》を少々越えたところの対岸の山麓で、小さな沢の入り口にささやかな温泉がある。塩沢ノ湯というのだが湯は生温《なまぬる》いので加熱しなければ使えない。

＊駿河甲斐伊豆三州図——前述の地理局地誌課作成の『駿河甲斐伊豆三州図』によれば、釜無川は蔦木（信州）のすぐ手前で左右に分かれ左は白根山へ、右は八ケ岳へ通ずるように図示されている。ところが本当はここで分かれるのは右手の甲六川《こうろく》（『甲斐国志』によれば甲陸沢）のみで、釜無川本流は机（左岸の村で信州）まで直進し、そこで大きく左に曲がっている。したがって道は蔦木を過ぎても直進する釜無川に沿ってのびているので、机までの右岸は引き続き甲州なのである。以上のことは、地理局の地図（明治十二年）と、八年後の明治二十年に作られた参謀本部陸軍部測量局の『甲府』図幅（第一軍管甲斐国西山梨郡）の該当箇所を対比してみると明らかである。

机の対岸にはいくつかの採石場とキルン* がたくさんあった。下流の方にも二つのキルンがあり、河原で採られた丸い石灰石が投入されていた。丸石は上流から流下してくるのである。机から先は道はやや険しくなりはじめ富士見村の少し手前まで登り道が続く。富士見村は机と金沢のちょうど中間で、私の計算によると海抜三一六一フィート〔九六三メートル、富士見峠の付近か〕、台ケ原より一一四〇フィート高い。瀬《せ》沢《ざわ》で道は右へ分岐し、山浦《ヤマウラ》と渋《シブ》ノ湯へ至る。富士見村ではその名の通り「天下無双」のすばらしい富士の絶景を見ることができる。村の沿道にある桔梗屋《キキヨウヤ》与平《ヨヘイ》の非常に立派な料理店で昼食をとった。私たちは路上でさまざまな人々と出合い気楽に話をした。中でも大変ませた十五歳の少年とは、休憩地点から金沢へ着くまでの半分ばかりも道連れとなった。八時〔原文のまま〕に金沢へ到着するまで、私たちは馬に乗るどころか荷物の方を馬上にして歩き通したのである。三時二十分に〔食堂を〕出発。町の西のはずれで橋を渡ってからすぐに川に沿って左に曲がる。まもなくまた川を渡り、町の中の急流沿いの登り坂を通り抜けた。右岸は国有林のため手がつけられていないが、曲がりくねった小道の上方の森は石灰石の燃料用にされてしまったのかすっかり裸にされている。金沢から四十分ほど登っていくと諏訪湖が見えてくる。見渡すと緩やかに傾斜して裾を広げている八ケ岳が目に入る。裾野には集落や植林で区画された地区が点在し、その背後にところどころ霧に包まれた山が続き非常に美しい風景であった。蓼科《たてしな》や和田峠の山、それに八ケ岳の低い方の山頂などが見分けられた。

ホーズは後方に遅れ、私は四時二十分頃に頂上〔芝平《しびら》峠のことか〕に着き、そこで腰を下ろして彼を待っていたが寒かった。峠の上からの眺めは左右がせばまり視界が限定される。前方の草原状の山の間を御堂垣外《みどうがいと》〔杖突《つえつき》街道第一の宿場町。御堂が多く豊かな街という〕へ向けて曲折しながら下っていく道以外見るべきものがない。南側へ一マイル下ったところに石灰石の採石場とキルンがある。われわれは六時半に到着し、越後屋《エチゴヤ》という礼儀正しい戸長が管理している宿に上がった。蚊はいないが蠅が非常に煩わしい。

＊石灰石のキルン――サトウはこの付近で石灰石を焼くキルン（窯）をよく目にしている。この付近の山と川原に多い石灰石を切り出して河原まで運び、積み上げて周囲の山の木を燃料として焼き上げ石灰とするものである。製品は江戸などの消費地へ送られ、漆喰《しっくい》として建築用などに大量に使われた他、さまざまな用途に当てられた。その製法を『飯能《はんのう》市史』によって紹介する。
五間四面に木をおよそ一丈三尺積み上げ、人足十人ずつで日数は十二日ほど、水を掛けその上にそだを置き、長木を並べ、その上へ石大小を取り合わせほどよく積み上げて、高さ五尺ばかりに積み、その上は小石を板なりに上げて、夕方から火をいれ、五日目の朝そのまま焼け落ちる。二日間おいて水をかけると全部が石灰となります。――石切り出しは人足四、五人で六、七ヵ月もかかるので容易に一窯分の石はできません。木を切り出すのは寒中に行い生木で焼く。

つまり石灰石に熱と水を加えると消和作用を起こして崩壊し粉となるのである。飯能は成木石灰などの産地があり、かつ大量消費地の江戸に近いこともあって、大々的に焼成されていたが、釜無川の河原では小規模に家内労働として生産されていた模様だ。だが大量の木材を必要とするため、周囲の山林が丸裸にされているのをサトウは観察している。

七月二十七日　宮田で信州駒ケ岳登山を断念

七時三十分に出発。緩やかな下りを楽に歩いていく。土地はよく耕作されているが狭い谷間で高遠《たかとお》に通じている。途中整然とした集落をいくつも通過した。そして数え切れないほどたくさんの水力製絹糸場を目にした。この種の工場は最近多くのところで急速に建設されているようだ。その製法は不揃いの出来となる旧方式にとってかわっているようだ。途中私たちは一軒の山小屋で足を止め、主人に高遠からの甲州駒ケ岳登山について話を聞いた。ホーズが同じ名前を持つ二つの〔駒ケ岳の〕山の高度について質問したところ、信州のそれがもう一方の山よりも三インチ高いといわれているとのことであったが、この返事はまんざら冗談でもないようだ。

十時半に渋川〔三峰《みぶ》川のことか〕の高い堤に沿ってたたずむ美しい町*〔高遠〕に到着した。古い茶器や細工を売る店をいくつものぞいた。当地には古くて由緒ある品物が多いようで、おそらく士族たちが安値で売り払ったのであろう。私たちは千代《チヨ》目《メ》という一流の料理屋に案内され、鰻とご飯の昼食をとった。ここで東側の渓谷を下って和田まで下がる予定のホーズと別れ、私はできたら信州駒ケ岳へ登りたいと思った。その考えは昨日から私の中でどんどんふくらんできていたのだ。私は俥で一時間十分をかけて伊那の十字路まで来た。高遠をたつと、道は川に覆いかぶさるような花崗岩の断崖に沿って伊那までまっすぐに続く。非常に緩やかな下り坂である。道のりはかなり長い。天竜川には第一級の日本の吊り橋が架かっている。俥の人夫らと口論をし、そのことにけりがついたと思ったら、今度は荷物を運ばせる人夫を調達するのに手間取り、ここでは一時間半を無駄にしてしまった。とうとう私は自分の従者に追いつき人力車を手配させ、一時間五十分で宮田《みやだ》までの二里十二町を走った。そこへきて私は再び体調が悪くなった。明らかに下痢気味で、動かなければ大したことはないのだが、歩くと断続的に苦痛をともなうのである。銭屋《ゼニヤ》という一流の旅宿に泊まる。私の第一案は伊那部《いなべ》に近い小出《こいで》集落へ行くことであった。そこから〔信州〕駒ケ岳に登山できると聞いていたのである。だが従者の調査でそこには泊まるところがないことがわかり、それではと宮田に向かったのだ。

＊高遠――高遠は伊那街道、杖突街道、秋葉《あきは》街道の宿場として隆盛を示していたのだが、明治維新後、三万三千石の高遠藩が解体されるに及び、藩士たちは新しい町である伊那部などへ移り住んでいった。こ

のとき彼らは家具調度品の類を売り払ったものとサトウは観察しているのだ。

宿の主人は、彼の知人で案内人となりそうな男を二人呼びにやったが、彼らはもし季節はずれの山に登って嵐でも招いてしまうと村の人々から責められるとして断ってきた。そこで主人は半里ほど離れたところに住んでいる山の実力者である行者《ぎょうじゃ》へ使いを派遣した。主人は行者に翌朝私を頂上に案内し、しかも案内人のうち一人は強力《ごうりき》（力持ちの意味を持つ）にしてもらいたいと依頼した。土砂降りの雨の中を、使いの者が往復して真夜中頃帰ったのであろう。私を起こしにきて、一人は病気で駄目だがもう一人は翌日用事があるので一日待ってくれれば喜んで案内すると言っている旨の報告をした。となるとこの山に三日を費やすこととなり、その間和田でホーズを待たせるわけなので私はこの申し出を断った。その上私はその晩ひどく痛みに苦しんでおり、山登りをする体力を維持できるかどうか甚だ心許なかった。このため駒ケ岳は諦めて、二十九日の夜に和田でホーズと合流できるように出発するのがよいと思われた。

七月二十八日

前夜の蚤には全く悩まされ、ほとんど眠れなかった上に不穏な夢が重なり散々であった。すぐに俥に乗ることにして歩き出したが、体力が相当回復していると見えて苦労もなく片桐まで達してしまった。途中人力車に乗っていた一人の男と出合い、その車夫が駒ケ岳登山について話を始めた。彼によれば赤穂《あかほ》から登り、中田切《なかたぎり》ノ沢を進み頂上まで七里だと言う。中山道沿いの宮ノ腰からもまた簡単に登れるようだ。距離にしてわずか六里、山頂近くに一軒の宿もあると言う。また駒ケ岳は二つあって一つは七久保《ななくぼ》に属し（与田切《よたぎり》を通って飯島から登る）、それと赤穂の駒ケ岳だと言っていた。七久保の近くの北村には案内人となってくれる猟師がいる。与田切のずっとはずれにある茶屋で休みながら私は一人の男にも尋ねてみたが、彼もこの二つの山についての話を肯定していた。七久保にある山が最も低く元来の駒ケ岳であり、もう一方のは錫杖《シャクジョウ》と地蔵といわれる二つの峰があるというのである。*

＊信州の山名——車夫の話と茶屋の男の話とは符節が合わないのでわかりにくい。どうも信州駒ケ岳の南半分の山々のことを指しているように思われる。赤穂の駒ケ岳はよくわかるのだが、残りの山々は飯島、七久保、片桐という南の集落から登るもの、強いていえば空木《うつぎ》岳、南駒ケ岳、越百《こすも》山、念丈《ねんじょう》岳等をいっているようだ。信州駒ケ岳連山は南北に長くのびているものなので、山麓の人々はさまざまな呼び方をしていたのかもしれない。

付近の住人は彼岸前に山に登るのには反対しているという。徳田屋《トクタヤ》という片桐のはずれにある茶屋に十一時二十五分に着き昼食をとる。そこの料理は一流で調度の趣味も、また渓流を見下ろす眺めもすばらしい。主人はあらゆる種類の骨董品を収集している。竹を割ってその一節に茸が生えている器を見せるといってきかなかった。

これより飯田までは俥を使い、三時間で簡単に到達した。信濃の地図と少々上等の茶を買い、与田切川の茶屋で連れとなった緑屋《ミドリヤ》という男に立て替えてもらった茶代を彼の妻に支払った（彼は自分の住所を示すとともに、わずかの金を立て替え払いしたことは気にせずに訪ねるように言ってくれた）。

ここから私は巡礼者が秋葉までたどる全く新しいルート〔後述の秋葉街道の訳注を参照〕を通って出発した。南西のはずれから町を出ると、道は崖の裾にまわりこむ急流の川床まで一気に下っていく。急流を渡り家屋のさらに下の右岸に下り分かれ道となる。右の道を行き、低い丘を経て八幡《やわた》へ向かう。ここで白衣をまとって立派な顎鬚と口髭を蓄えた堂々とした行者に出合った。八幡神社は長い階段を登りつめた頂部に建っている。上の丘から流下する川は、自然にいくつかの滝を作りそこで信者が身を浄める。この神社の唯一の長所は、両岸の丈高い立派な杉並木の列を割ってのびる階段の最上段からの眺めが美しいということだ。

四時十分にこの地を出発し、渡し舟に乗って四時半に知久平《ちくだいら》に着いた。渡し舟場で私は六十七歳の羽場平十郎《ハバヘイジュウロウ》という老人に会った。彼は船待の間、仲間に戯曲の一部を読んで聞かせ楽しませていた。舟で渡っている間に突然雷雨に襲われ、このまま越久保《こえくぼ》まで行けばずぶ濡れになるに違いないと考えられた。そのときその老人が、自宅でお茶でも飲んで嵐のおさまるのを待ったらどうかと勧めてくれた。老人は知久平の農民なのだそうだ。私は喜んでこの申し出を受け、彼の家へついていき玄関先に腰を下ろした。子供や孫たちが私の周りによってきて歓迎の意を示したが、一人のりりしい若者は、祖父が見知らぬ人に椀飯《おうばん》振る舞いなどして馬鹿みたいだと思っているようだった。私の背の高さが賛嘆の的となり、老人は冗談混じりに一晩だけでも泊まってのっぽの孫になってくれと言ったが、私の仲間が荷物を持って別のルートを回っているので、このまま私が姿を見せないと心配をかけるのだと説明した。彼は非常に美味なお茶と砂糖菓子、それに自家製の酒を出してくれた。冷で飲む酒は格別であった。四十五分ほど待っていると雨がやみ、私は別れを告げたが、彼は街道まで是非案内したいと言い、記念に一筆書いてもらいたいと言った。私は中国語で「雨宿りの世話になったうえ極上の酒や銘茶をご馳走になり厚く御礼申し上げる」と書いて渡した。彼は明らかに読めないようだったが、私がその意味を教えると喜んだ。

ここから一時間ばかり厄介な道を登り、越久保の木下屋《キノシタヤ》に宿泊した。そこで第一級の部屋を見つけた。蠅も蚊もいないし、最初は蚤もいないと思ったが翌朝蚤のいた形跡が見られた。

荷物は近道を通り、当地に先回りして到来する手筈になっており待っていたのだが、十時半になってやっと到着した。途中の町でなかなか人夫を雇うことができなくて遅れてしまったのだ。そのとき私はすでに布団に入ってうとうとしていたので、一時間か二時間眠りを妨げられたわけだ。

この付近の丘陵は、全体として崩れた赤い花崗岩で構成され、風雨にさらされた大きな黒い岩塊がしばしば突き出ていて今にも落下してくるような危険に常に脅かされる。このような状態なので、嵐で水量の増した川はどろどろに濁ってまさにえんどう豆のスープのようで、それが奔流となっていた。

〔サトウとホーズ——サトウとホーズは高遠でわかれている。その後のコースについて若干検討してみよう。結論からいうと、ホーズは遠山川沿いに現在の南信濃の和田へと南下し、サトウは高遠から西へまわり天竜川に出てこれを南へと進み、現在の飯田市を過ぎ、遠山川と天竜川の間の山を越えて、ホーズと和田で合流する。そしてそこで遠山川から離れ、青崩《あおくずれ》峠の難路を通り秋葉神社へ向かうのである。次に詳述する。

ホーズは高遠から天竜川の一大支流である三峰川をその水源まで丹念にさかのぼる。現在の美和ダムを過ぎ、長谷村と大鹿《おおしか》村（共に長野県）の村境で三峰川（ここでは栗沢川と名前をかえる）と別れ、分水嶺を越えて小渋《こしぶ》川を源とする鹿塩《かしお》川を登る。これをつめて地蔵峠を越え、ようやく遠山川に出、これを下って上村（現・飯田市）、和田村（現・長和町）にたどり着く。長大なコースだ。途中、女高《おなだか》、市野瀬を経て赤石岳への登山路ともなっている。

次にサトウは三峰川を下って天竜川との合流点である伊那市へ出る。ここで南に向けて天竜川沿いに宮田村、駒ケ根市へ。天竜川とは時には離れ、時にはその支流を渡って赤穂、中田切川、飯島、与田切川、七久保、片桐を経て飯田市へ。この間伊那市の小出から信州駒ケ岳登山を計画したが案内人が得られなかった。飯田市からはその南で松川を渡りついで今度は天竜川を船で渡って左岸の知久平より山に入り、越久保を過ぎて遠山川と天竜川との間の分水嶺を越える。そして現在の地図に示されている小川路峠あたりと考えられるところを抜け遠山川源流の上村《カミムラ》（住人はカドムラと呼んでいたようだ）へ。ここが秋葉街道である。これを下って和田でホーズと合流する。

この山旅ではサトウとホーズはこのように一緒になったり別行動をとったりしている。この理由についてサトウは親友ディキンズ宛の、この旅行を終えた一八八一年（明治十四年）九月十六日の手紙で、二人で別々の箇所を回り、一週に一日か二日合流するという手法を採用するのが有益であること、この方法で甲州でかなりの調査をするとともに、大井川と安倍川の流域それに信州の東部をくまなく旅行した旨を書き送っている。」

八月十五日　秘境奈良田で古語を採集

昨夜、先の人夫の件についていろいろと考え直した結果、奈良田への山越えを断念するよりも彼らの要求に応じようと決めた。その趣旨を伝え朝食をとった。長い階段を登った上方の山腹に位置している寺院を見に行った。全体の場所は二十八年前に焼け落ちて、まだ完全には修復されていない。その装飾様式について十全なメモをとり、建設資金として一円を寄付した。そこに座って寄付を受け取る老人の驚きは大変なもので、約五分間貴重な文書を前に熱心に祈禱した〔この寺院は妙法寺のことと思われる。身延山久遠寺に次ぐ寺格を有していた。昭和四十八年にも火災にあってい る〕。

荷物と従者の一行とともに八時十分前頃に登山を始めた。最初の間の方がむしろ険しくなかば禿げかかった山を行く道はとても暑かった。二十五分ほどで矢川という小さな集落に着いた。ここから先は人が居住していない。九時十五分前、美しい風景の場所に出た。そこからは甲府平野の全貌が見渡せ、前方やや右寄りに富士が見え、富士川左岸の前景には一群の山々がそびえる。北方にかなり雲がかかっていたので私にはどの山も判別がつかないが、おそらく見えているのは金峰《きんぷ》山と八ケ岳であろう。このあたりから非常に深みのある青色のキキョウが姿を見せ始める。十分間休んだ後二十分ほど登っていくと、富士川の非常に美しい風景が望める草深い山の肩に出た。山間を縫うように蛇行を重ね、はるか身延まで流れ下りさらに先へとのびている。ここで十分休憩した後荷物の一行に先立って十一時八分前に頂上の茶屋〔出丁《でちよう》茶屋と呼ばれていた。増穂《ますほ》町（現富士川町）からこの峠を越えて湯島温泉へ行く道は湯道といわれていたが現在は廃道となってしまった〕に到着した。ここには上湯島の温泉に向かう多くの若者がいた。登ってくる途中の森の中などにところどころ大きな紅いガンピや黄色いサワギクがふんだんに咲いていて大変美しい光景だ。また日本のイトシャジンも大量に咲いている。霧と雲が出て、南側の山道に面している山々を見ることができなかった。頂上付近の細流で純白のナデシコを一本摘んだ。山小屋の管理人は藁のサンダルをワロージ〔waroji〕と呼ぶ。彼の発音は少し奇妙だと私が指摘すると、他の人たちが「ワラヅ〔waraudzu〕と言うんだ」と彼の発音を訂正した。十二時半にここを出発したが、ほぼそれと同時に雨が降り出し奈良田までずっと続いた。

奈良田*では寺に宿をとった。そこの住人はすべて深沢という姓で、他の村の人とはこれまでほとんど婚姻関係を結んだことはない。ここは四十四家族が住んでいる。この谷間ではいくつかの雑穀とイモ、カジの木、ミツマタ、茶などを生産している。四方を取り囲む極端に険しい岩の切り立つ山々は、おもに落葉性の樹木で覆われている。彼らは大変時代遅れの言葉を話す。「ゴザル〔gozaru〕」とか「オリャレ〔oriyare〕」という動詞を用い、山の頂上を「テイナイ〔teinai〕」と呼ぶ。とても可愛らしい子供がいる。そしてたいていの人は色白で、顔貌は普通の日本人と比べると均整がとれているように見える。彼らは精神的に単純で無知な人間に見えるが、それは外の世界から孤立して生きているからだろう。曲物《まげ》や木製の品物が外界と取り引きする商品となっている。白根や他の山岳まで私の案内役をすると申し出た若者たちとだいぶ長いこと話し合いをした結果、ようやく一緒に登山をしている間は彼らに一日につき一円を支払うことで承知した。その期間はもし天気がよければ四日間ほどであろう。私たちは米と味噌とシチュウ鍋、それに酒を少々、猟銃一、二丁、私のスケッチブック、着替えの服一、二着を持っていくことにした。

＊奈良田の七不思議――サトウは奈良田で古語を採集しているのだが、同時に奈良田の七不思議伝説の聞き取りもしている。サトウはこのことを日記には残していないが、『中央部・北部日本旅行案内』にはその一部を紹介している。奈良時代に女帝孝謙天皇（奈良王）が当地に遷居したとする伝説に由来する地名が奈良田で、ここでは古くから諸役が免除され、焼畑農業が集団的に行われ、集落としての団結が固く、周辺村落との接触はなかった模様である。この意味で秘境奈良田といわれていた。その特異な民俗や習慣はごく最近まで伝えられていたが、昭和三十年代の大水害によって古い集落が被害を受け消滅してから状況に変化が生じたという。現在は早川村の一区で、早川には治水・電力用のダムなどが築造されている。

奈良田の七不思議伝説というのは、孝謙天皇の遷居にともなって移入されたもので、汚れた衣服をきれいにしてくれる「洗濯池」のようなものもあって、一九七〇年代にこの付近をボーリングしたところ鉱泉が湧出し、奈良田温泉として開発されている。ここではウェストンが同じ奈良田で採集した七項目を次に掲げておく。一九〇三年のことだ。

一、片葉の葦《あし》。つまり葉が全部同じ側から出ている蒲《がま》に属する雑草。

二、一《ひと》つがいの鳥。それより決して殖えも減りもしない。王女が初めて来たとき、一つがいを連れてきたが、その数はその後変わらないのである。
三、洗濯池。つまりその水が洗濯物を魔法のようにきれいにする効き目のある小さい池。
四、檳榔子《びんろうじ》池。池の泥に埋めた品物は檳榔子染という見事な黒い色を帯びてくる。
五、塩池。奈良田に王女が来るまで塩というものが奈良田にはなかった。しかし、この池の水の中で野菜をすぐゆでることも、塩漬けにすることもできる。
六、御王水（偉大なる王女の水）。多くの病気、特に内科の病気を治す効能がある泉。
七、奈良田の最後の、そして包括的な不思議は、王女がそこにかりそめにもおいでになった、ということである（以上、『極東の遊歩場』による）。

この中の塩池については『甲斐国志』におよそ次のような記事がある。

甲州には塩がなく古くより駿州から陸路で山を越えて移入されていた。慶長の頃に富士川の水運が開かれてからは、ようやく水路を利用することができるようになった。この中にあって奈良田には塩の井があった。当地は白峰の麓で幽深な僻地であるが、古くは西の信州伊那と陸続きであって、その伊那には鹿塩、塩川というところがあり、山の中に海潮が存在していた。奈良田はここと水脈を相通じていたのであろう。塩井から汲んだ水を煮ることによって住民は塩を得ていたのである。

八月十六日　農鳥・間《あい》ノ岳へ初登頂

とびきり新鮮なとれたての山のマス〔イワナのことか〕の味噌煮を朝食で食べた。案内人たちはのろまな人間なので、七時半になるまで出発できなかった。三人の名前はサダスケ、ヤスタロウ、クラキチという。サダスケは割にハンサムだが横柄な二十三歳、ヤスタロウは田舎っぽいが常識を備えた二十四歳、そしてクラキチは人のよい天真爛漫な二十一歳。態度はどうかというと、三人とも皆悪びれたところがないが、明らかに私を見下しているのがわかり、やりたい放題のことをした。飲み食いするマナーは非常に下品で、断りもなしに食料を指でつまんでやり取りをする。朝の挨拶をすることなど思いもつかないようだ。彼らはまったくの無学で、私はじきにそれぞれ程度の差こそあれ三人とも毛嫌いするようになり、この不愉快な連中と離れるよう早くこの山旅が終わればよいと考えるようになった。

私たちは村を下り万年橋で川を渡った。その橋は一本の丸太を渡しただけで、手でつかめるように両側に樹皮で作った簡単なロープがついている。その丸太の両端は、三十度ほどの角度で岸の後方から上に向かって突き出した三組の梁に支えられている。井川のあの刎橋とちょうど同じような具合だ。初めのうちは些か不安を感じた。この種の橋については注意が必要だとの話を聞いていたからだ。しかし、いとも簡単に渡り切ることができた。特に狭い方の橋から渡り始めたからそう感じたのかもしれない。その後、起伏の激しい山道を通って、川を何度か行きつ戻りつして渡りながら「白河内《シラコウチ》」〔しろごうち〕という峡谷に出た。そして着実に上へ登っていった。山道は非常に狭い。十時十五分頃木樵《きこり》小屋に来たちょうどそのときから、しばらく雨が降ったがそれもすぐにやんで、十一時頃私たちはもう一つの小屋を通過し、その直後急流を渡ってツガに覆われた非常に険しい山脚を登り始めた。案内人は頻繁に立ち止まっては、湿って苔むした土の上でもおかまいなく腰を下ろして休む。ブナがちらほら見受けられる。それにシャクナゲがいくらか咲いていた。

カバの木が茂る細い帯状の林を通り抜けると、標高八〇〇〇フィートの地点でツガの最初の茂みを目にした。そしてここを過ぎるとたいへん滑りやすい雑草の下ばえが広がる。ハイマツ（這っている松）の中をかき分けかき分け進むのは一苦労であるが、幸いそれほど手に負えないものではない。熟したコケモモが至るところで目を楽しませてくれる。四時十分には尾根の頂部に到達した。案内人たちが頂上には雪があるはずだと言っていたので水は持参しなかったのだが、そこには雪など少しも見られなかった。私たちは尾根に沿って水を発見すべく北側を歩き回ったが、うまくいかなかった。やがて夕暮れが迫ってきたので、水場捜しは切り上げなければならなかった。今日は二番目のツガがあるところでひどく雨が降ったのだが、尾根に着くとからりと晴れたので、濡れた服を脱いで岩の上に置き乾燥させようとしたものの、また曇って霧が出てきたため湿ったままの服を着る羽目になってしまった。日没時にはまたすばらしく晴れ渡ってきた。穴蔵で寝られる場所を確保し、枯れたハイマツの枝で火をおこし飢えと渇きを我慢した。というのも水がないので米も炊けないのだ。私はオランダチーズを少し食べ、米を若干火であぶって口に入れてみたがとても固く、なかなか噛み砕けなかった。私をこのような窮地に陥れたこの馬鹿者たちにひどく腹を立てたが、彼らはそれほどには気にかけてはいない様子だった。というのも彼らは出発以来二度も弁当をあけて食事をしているのだ。

閑古鳥と呼ばれる鳥を見つけた。ライチョウのことと思われるが、案内人の一人が座ってしかも照準台も使ったのに、その群れの中に放った一発は外れた。案内人の持ってきた銃はおそらくパインツによって導入された旧式の火縄銃*である。この三世紀以上もの間、日本人が鉄砲の類を全く改良していないのは驚くべきことだ。夜間は寒くなかった。先ほど見たときには寒暖計はたったの五十七度〔摂氏十四度〕だった。日没前に富士、農鳥《のうとり》岳、八ケ岳がその全容を現した。

*種子島――戦国時代の武将で種子島領主の種子島時尭《ときたか》は一五四三年（天文十二年）に、同島に漂着したポルトガル人から火縄銃を得た。それ以来三世紀以上を経ているということだ。

八月十七日　甲斐ケ根は間ノ岳よりも低い？

早朝に目覚める。そして煎った米を少々食べた後六時半に出発した。三十分して最初の頂上に到達した。それはおそらく「白河内岳《シラコウチノタケ》」というはずである。そこからは、美濃の恵那《えな》山という大きな丸い頂上をした山や御嶽、信州の駒ケ岳、それに乗鞍《のりくら》や飛騨―信濃の山脈全体の展望が得られた。だがこの山脈のうち一つ一つのピークを同定して名指すのは難しい。日光の白根《しらね》や秩父《ちちぶ》連山も見えた。田代川のちょうど右岸には岩のごつごつ突き出た巨大な一群の山々がある。七時半、農鳥の山頂に着いた。ここでは野生の草花がたくさん見受けられた。私と富士山の間には白い雲海が広がっている。そのため甲府盆地と富士川は完全に隠されている。同じ尾根伝いに歩いてきたのだが昨日は甲府盆地がよく見渡せた。

　ここにきて初めて甲《か》斐《い》ケ根《ね》を目にした。非常に鋭いピラミッドのような山頂だ。また、間ノ岳*――本来の白根山――も見えた。八時十五分前に農鳥を後にして頂上から東に向かう一番高い尾根に沿って間ノ岳に登るべく、回り込むように進んでいった。その途中連続する尾根と頂上の間の半分ほどを登ったところで雪を発見したが、八時になって突然私たちのすぐ近くで雪が斑《まだら》に広がっているところを見つけた。それはこれまで歩いてきた尾根の端から数フィート下方の東側の下り勾配にあったので停止するように命じた。山々は東側が切り立っているので険しく、駿河方面の尾根を進む必要がある。私たちが米を炊いた箇所からさほど離れていない下方に田代川の源流の一つを見ることができた（米は大急ぎで、研がずに調理した）。雪を口いっぱいに頬張った。初めの一口はすばらしい味がしたが、雪融け水はとても汚れていた。太陽はたいへん暑く照っていたが、十時頃霧が出てきたのは有難かった。それまでの空腹を埋め合わせるかのように腹一杯の食事を済ませてから、新たに大量の米を研いで炊かせ、持っていくことにした。後になって雨が降ったりして米が炊けなくなり、調理ができない状態になるといけないと考えたのだ。満足いくまでたらふく食べてしまうと、案内人たちは眠ってしまった。このため十二時五分前になってようやく出発した。起伏の激しい土地をもっぱら下方に向けて這い下り、左手に回り込んで危険で鋭角的に突き出た崩れやすい岩塊を何度も越えて、私たちは一時五分、二つの山の間の窪地に出た。間ノ岳でもそうだったように霧に包まれたので登山は気が進まなかった。

私たちのいるここから下方右手には、荒川の第一の源流があり左手には田代川のもう一つの源流がある。それは七、八百フィートも下方に位置していたが、そのせせらぎをはっきり耳にすることができた。やや右手に進路をとり、何度も休憩をはさんで登っていった。そして三時十五分前に爽やかな草の生い茂る高台に近い雪原にたどり着いた。この詰めのところの登山で最後の三十分はほとんど休みなしだった。山頂まではさらに十分を要する。もちろん先の雪原の近くではなくここで露営をすることとした。私は山頂まで登っていき、気圧計で高度を計ると九九〇〇フィートであった。鳳凰山や甲斐ケ根など近くに見える山はごく少なく、それも時おり霧の中から窺える程度であった。山頂部には樹木は全く見られないが、ちょっと下には点々と花が咲く草群が何ヵ所か目に入る。特に輝く太陽のように美しい黄色のキク科植物、おそらくウサギギクが目を引く。ビバーク地点からほんの少し下の東側は甘い香りの漂うタイム〔イブキジャコウソウ〕にほぼ一面が覆われている。後になって霧がすっかり晴れると北に駒ケ岳が、甲斐ケ根の西に見えてきたが、どうも八ケ岳の赤岳よりもずいぶん低く見える。だが北方から新鮮な気流が吹いてきてあたりに靄がたちこめ、視界がほとんど遮られてしまった。このような天気の状況や案内人が反抗的態度をとり、さらにはぐずぐずして時間が無駄に費やされる間に読む本がないというようなことから、これ以上露営の一夜を過ごすのは取りやめようと決めた。特に三日目も好天が続くとみるのはあまりにも好運に頼りすぎると思われたので、明日は甲斐ケ根登山をやめて芦倉《あしくら》へ下山する旨を案内人に告げた。甲斐ケ根は明らかに間ノ岳よりもはるかに低い山で、山頂からの展望も全く同じものだろうと思われるし、案内人は一度も登ったことがないと言うのだ。私は今までの苦い経験から案内人自身を知らない場所に連れていけばどういう事態になるのかを承知している。人跡未踏の山はそのままにしておくのが賢明と考えたのである。

＊甲斐ケ根と間ノ岳の高度――サトウはこのとき（一八八一年夏）の白根連山登山の経験から、間ノ岳が連山の最高峰であり、同岳を本来の白根山――True Shirane San――と記し、甲斐ケ根は間ノ岳よりも低いと認識しているのである。彼はこの間違いを、一年後の一八八二年の秋に碓氷峠付近から南アルプス方面を遠望したときに気が付き、甲斐ケ根は間ノ岳より高いことは明らかであると訂正し、その旨日記にとどめている（同年十一月二十八日）。そしてこの正しい観察に基づき一八八四年の『中央部・北部日本旅行案内』第二版の「奈良田から農鳥、間ノ岳」の項目の中で次のように書いている。

農鳥と間ノ岳は奈良田から登る。甲斐ケ根に最も近い集落は芦倉である。この二つの集落の住民の間には山の高さを巡って面白い論争があり、一方（奈良田）では間ノ岳が三つの峰のうち最も高く本物の白根ケ岳だと主張し、他方（芦倉）では甲斐ケ根こそがその名誉に浴するものだという。この問題点については、鳳凰山や二つの峰を眺望できる山などから観察すれば芦倉の人の言い分が正しいことがわかる。

八月十八日　案内人に失望して芦倉へ下山

夜間は非常によく晴れわたり、早朝に起床して五時十五分頃ちょうど日の出の時間に山頂へ着いた。そして各山岳の見える方位を確かめた。それらは昨日農鳥から見たときと全く同じで、違う点といえば駒ケ岳を新たに加えなければならない程度である。相変わらず雲は谷全体を覆ってはいたが、私のところからいくつかの山脈をはさんでその先に富士がひときわ抜きん出てそびえている。芦倉に下山するという決心は変えなかった。案内人たちにはほとほと失望を感じている。彼らは可能な限りぐずぐずして時間を浪費するので、ついに私も次のように宣告した。もし今夜までに芦倉に到着すれば四日分の賃金を払う用意があるが、君達があまりにも緩慢な行動をとり、そこに着くのが明日へ延びたときには三日分しか払わないつもりだと。このことで案内人たちは大変な憤懣《ふんまん》を示したが、それも最終的にはおさまり八時に出発した。案内人たちは、自分の本分を最善を尽くして遂行する旨を約束したのだ。

露営した南東の端から荒々しい岩石の多い土地を越えて下りていった。ときどき崩れやすい砂質の箇所があってグリセードで下降したりした。すると滑りやすい植物、主にトリカブトに覆われた急斜面に下り立った。頂上から一時間と下らないうちに荒川へとのびる流路の一つに至った。そしてここでこの旅で初めてウメバチソウを見た。さらに薄紫のフウロソウ、それに花をつけたばかりの赤いユリもあった。たくさんの丈高いアザミあるいはサントリソウはとても厄介な存在だった。というのもしっかりした足場を得るためにはこれにつかまっていくことが避けられないのだが、そうすると針山のようなたくさんの棘《とげ》に刺さってしまうのである。きれいな青い色をしたサルビアがふんだんに見られた。その後岩のごつごつした川床を三十分ほど下っていくと、川の水量が増し簡単には進めなくなり、踏みしめる岩も非常に滑りやすくなってきたために、森に向かわざるを得なくなった。ここをしばらく進むと断崖の正面に出た。最大の注意を払って回り込んでいかなければならない。そして大きな危険を乗り越えると、三本の筋に分かれた美しい滝のすぐ下でまた急流に戻った。森林の樹木は主にモミ、ツガのようであった。それらは材木としては有用でないということだ。川を伝って岩から岩へと飛び移ったりよじ登ったりしながら下方に向かった。

やがて三つの滝の意味を持つ三ツ滝と呼ばれる三つの沢の合流地点に迫った。そして山脚を越えて再び川床まで這い下りる必要があった。この地点に十二時四十分に到着し米を炊いた。一時間休憩をとった後、再び出発しかなり頻繁に川床を渡り岩から岩へよじ登って進んだ。そしてやがて荒川と野呂《のろ》川の合流地点にたどり着き、ここで釣りをしている人を見つけてこれから先の経路について教えを乞うた。このすぐ下方では垂直にそそり立つ表面の滑らかな岩壁を這うように伝っていかなければならなかった。岩壁の下には非常に深い淵があるので、死んでも離すまいと爪先に力を込めて壁にしがみついていった。それを過ぎるとまた岩山になる。あるところでは川の両岸から険しい岩の絶壁がそそり立ち、近づくことは全く困難であったし樹木もほとんど見られなかったが、景観としては私の見る限り確かに日本の中では最も美しいものであった。それからまた新たな断崖をよじ登らなければならなかった。その断崖から危険きわまりない細い山道を通り、再び急流まで戻る。そうして五時五分前にアイヤス、あるいはアイヤシ〔鮎差のことか〕の木樵小屋のすぐ上方にある浅瀬へたどり着いた。川の水位はほとんど私の腿より上に達するほどなので、当然のことながら日本人にとってはもっと深かったに違いない。案内人たちは衣服を脱ぎシャツ一枚になった。左岸の黍畑を登っていき、それから再び川まで戻り、浅瀬伝いに流れを縦に渡りながらようやく小屋にたどり着いた。

小屋は九軒か十軒並んでおり、見るからに不潔で居心地も悪そうですすけていた（日の出の頃に使った時間は例外として、もう二十分はここで時間を割くべきだった。私が江戸に戻る日に、小田原に到着してからそのことに気付いたのだが）。私が酒を振る舞ってやろうと約束したことから、案内人たちは先へ進む気があると言い出した。アイヤシ峠を越えある程度険しい山道を登り始めた。まもなく荷物を背負った案内人たちを大きく引き離して先へ進んだ。次第に高く登っていくと見事なカシの木やカエデが優勢になり、時おり雲で一部は邪魔されてはいるが白根と甲斐ケ根の姿が視界にとらえられてきた。残念なことに高度計を荷物の中にしまいこんでしまっており、峠の標高を測ることができなかった。釣り人からホーズは芦倉に滞在し、鳳凰山に登山したことを告げられた。そこでまた芦倉に残っていればいいがという思いで足取りが速まった。休み無しで歩いて一時間と十五分ほどで頂上に着き、直ちに反対側へと下り始めた。そして七時五十五分（八時二十五分）、古屋敷《ふるやしき》という集落にある芦倉村長の住家に到着した。ほとほと疲れ果てた。今日は昼食のために時間を割いた以外は、下山を開始してから十二時間近くもの間ほとんど休憩をとらなかったのである。奈良田の三人の野人たちは九時に到着した。そして酒を要求することだけは忘れず、三人で一升半も飲んでしまったのだ〔芦倉は現在の南アルプス市芦安芦倉〕。

〔サトウの登山コース――以上がアーネスト・サトウによる農鳥、間ノ岳初登の記録である。残念ながら最高峰の北岳には登っていない。登路は奈良田から白河内沢―白河内岳―農鳥―間ノ岳―三ツ滝―野呂川―夜叉神《やしゃじん》峠―芦倉と判断される。しかしながら、この間の白河内岳―農鳥の記述が解りにくい。この間には大籠岳（二七六七メートル）、広河内岳（二八九五メートル）などが並び、歩きにくいガレ場の登り下りを何回も繰り返したどっていかなければならない。霧のときには雷鳥も見られる深山であり、現在のガイドブックでも二時間以上を要するとされているところだ。それをサトウは三十分で通過しているのである。奈良田集落の上流部から広河内沢と大門沢を遡り、稜線に飛び出し、農鳥へ向かうコースならば、この稜線歩きを三十分としても驚かないのだが、サトウの記述は白河内沢経由なのである。

次に、間ノ岳からの下山ルートである。三ツ滝経由の沢伝いのコースと思われるので、たぶん、現在でいう細沢を下ったものであろう。問題は野呂川へ下った後の芦倉までのコースである。一時間十五分の険しい登りと、ほぼ同時間の下りを経て芦倉に着くとしている。まず考えられるのは、夜叉神峠越えである。野呂川からは急な登りである。しかし、時間は一時間半くらいでは無理であろう。〕

八月十九日

七時五十分に出発。甲府に向けてまっすぐ歩いていった。十一時半に私は甲府の奥村という大変立派な旅宿でホーズを見つけた。私たちはこれまでの出来事を語り合った後、ホーズは甲州街道を通って帰り、一方私は富士川を下り東海道を経て戻ることに決めた。内藤という本屋を訪ねる。彼は自分が出版しようとしていた清朝の歴史の本に中国語の序文を書いてくれと強く私に依頼していた人である。そうして私たちは別れ、私は甲府盆地を横断すべく車に乗り、日没頃鰍沢の旅籠上田屋《ウエダヤ》に投宿した。

八月二十日　富士川下りで帰着

真太陽時〔日時計によって示される太陽時。true time〕六時五十八分、舟で出発。二人の男と二人の少年が乗り組んでいた。岩淵までの運賃は三円であった。静かな流れに沿って、岩のごつごつ突き出た山の間を滑るように流れていくのは心地よいことだ。私には大量の新聞や『ワシントンの生涯』があったので、単調な風景に飽き飽きすることはなかった。目を見張るような成層岩が四十五度の角度で傾斜している箇所があった。それは早川の支流の対岸に位置し、この渓谷を遡上するときに目に入っていたものだ。屏風岩、スクリーンの岩という〔八月十四日にサトウは身延から富士川に出て屏風岩を通過している。この岩のところは富士川舟運の難所の一つであったが、そそり立つ絶壁の景観が有名であった。早川との合流点の直上流左岸にある〕。ここで早瀬になり、舟が大きく揺さぶられた。バラスト用に大きな石をいくつか舟にのせるために、私たちは岸へ上がった。下山のすぐ下方で流れは非常に狭い水路に集められるので、舟が右岸の岩に突き当たる危険が強かった*〔早川を合わせた富士川は、そのすぐ下流の下山で左岸からの常葉川《ときわ》を合わせて急流となる〕。この急流部を乗り切るときには非常に薄い板と思われる舟底がその直下の水流の影響を受けて弾んでいる状態が見られた。

身延の荷揚げ場になっている波木井《はきい》を九時五十分に通過した。十一時八分には南部《なんぶ》に到着したがここで許可書を警察に調べられた。警察が自分たちの都合に合わせて紋切り型の手続きを進めている間に、通常旅行者はここで岸に上がり昼食をとるようである。十一時二十分に再び出発し、一時二十五分に吊り橋の下を通過した。全行程で最も危険な急流部に差しかかり、続いて岩の迫る細い水路の流れが大きな変化を見せる地点になるが、その上に吊り橋がかかっている。私たちのすぐ前方をもう一つの舟が下っていた。さらに五分程先に行くと左手から芝川が流下してくる。右岸の松野の付近に形のよい六角形の安山岩でできた岩柱がある。山が開けるにつれて南東の方角に伊豆の青い半島がとても美しく望めるようになった。下るにつれて早瀬の箇所が次第に増え、流れもきつくなっていった。しかし天竜川の有名な舟下りには匹敵しないのは言うまでもないことだ。二時五十分、岩淵に、もっと正確に表現すればその反対側の左岸に上陸した。いつもながら法外な値段をふっかける車夫とのもめ事を片付けすぐに出発した。三島に八時十五分に到着した。そこでセコハン〔seko-han〕の経営する立派な旅宿に宿泊した。茶代として五十銭を払い、勘定は酒を含めて七十七銭だった。しかし料理は非常に美味しく、このような場所としては妥当な料金だった。

＊舟下りの危険――サトウが富士川の急流を下った直前ともいえるこの年の五月六日に岩淵付近で、身延詣りの帰途約三十名の乗客が、舟の覆没のため急流に投げ出され、そのほとんどが死亡したという記事が『朝野新聞』（明治十四年五月十五日）に掲げられている。

訳者解説　黎明の日本アルプス

アーネスト・メイスン・サトウ（Ernest Mason Satow）の名は、幕末から明治の日本に赴任したイギリスの外交官としてよく知られているだろう。サトウは、幕末維新期には通訳官として活動し、いったん帰国した後、一八九五年（明治二十八年）には駐日公使として再来日を果たした親日家であった。サトウの自叙伝『一外交官の見た明治維新』は、いまも維新史研究の重要史料とされており、また、萩原延壽氏による大作評伝『遠い崖』は明治日本の激動を背景とした大河ドラマとして、ロングセラーとなっている。

しかし、サトウが、ウォルター・ウェストン（初来日は一八八八年）やウィリアム・ガウランド（初来日は一八七二年）と並んで、もしくは、むしろ彼ら以上に、日本の「近代登山の幕開け」に大きく寄与した人物であったことを知る人は案外少ないのではないだろうか。本書は、そうしたサトウの登山家としての仕事を、彼の残した著作から抜粋し、編集したものである。

抜粋・編集にあたっては、サトウが克明に記していた手書きの「旅日記」と、彼が欧米人向けに執筆・編集したガイドブック『中央部・北部日本旅行案内』（邦題『明治日本旅行案内』）を底本とした。特に、『日本旅行案内』は、東京近郊はもちろん、北は北海道・青森から、南は長崎・鹿児島までを網羅し、六十余の旅のルートを紹介した大部なものである。それらのなかから本書では、富士山や日本アルプス、日光と尾瀬、吉野と熊野など、現代の日本人にも人気のある観光地、世界遺産の地を選んで掲載した。本書に描かれる明治期の登山道は、現在ではすでに廃れて使われなくなっていたり、また逆に今もほとんどそのままと思われる景色も読み取れるなど、おおいに興味をそそられるものである。

では、まずは、来日当時のサトウの人物像と、当時の時代背景から見ていくことにしよう。

若きサトウは横浜港に到着

一八六二年（文久二年）の秋の候九月に、弱冠十九歳のサトウは中国の北京で短期間、中国語を学んだ後、汽船ランスフィールド号で横浜港へ到着した。彼はイギリス外務省の人事試験で領事部門（外交官部門への資格はなかった）である通訳生に合格しており、駐日イギリス公使館通訳生として横浜で勤務することとなった。

その数日後に生麦事件が勃発した。このとき、薩摩から多くの武士を率いて江戸に赴き、直接に幕政の改革すなわち、次期将軍を一橋慶喜とする等の政治改革を提案した島津久光の一行は、薩摩への帰途に川崎から神奈川へと大名行列を進めていた。その日にたまたま逆に神奈川から川崎向けにイギリス人数名が乗馬で姿を現し、両者は突如この区間で出合ったのである。このイギリス人によって行列の先頭を乱されたので、同藩の侍はこのイギリス人に斬りつけた。イギリス人は瀕死の重傷を負い、まもなく死亡した。以上が生麦事件の実態である。その日の午後に、サトウは横浜の英国公使館付近のホテルの外で人々の大騒ぎを見ながら、その話を冷静に聞き、そして日本の勉強をしていた。

彼は勤務地日本の歴史、地理、宗教、美術、文化などの研究に努め、特にその語学すなわち読む、聞く、話す、書く、の能力を短期に入手した。この能力を武器とし、彼は日本の各地を実際に旅し、従来の日本人が旅の特長を、海岸の白砂青松の美しさに留め、東海道を歩き富士山の美麗な景観を遠望から観賞するだけの感覚で見るに留めて満足すると判断した。そしてサトウはこの国で人力車あるいは「俥《くるま》」と呼ばれる輸送手段を利用できるが、傾斜が緩やかな地域でのみこの俥の利用が可能であると判

親友のワーグマンが「ジャパン・パンチ」誌上に
折々に描いたアーネスト・サトウ。

断している。

日本は産業革命の影響を受ける

近代に入ると西欧諸国は世界各地に植民地を開き、当地に外交官、商人、学者、宣教師、などが進出して、植民地を直接に統治し、あるいはその手法を間接にして支配した。彼らの活躍は本国はもちろんこの植民地に活力を与えその成果を利用した。彼らはかくして産業革命の嚆矢《こうし》となった。それは正に十八世紀から十九世紀にかけて発展したのだが、この革命はイギリスが端緒であった。ここでイギリスは海外植民地の産業を振興し、さらには蒸気機関を発明し、これを当時の綿・毛織物製作に活用した。そしてその植民地である海外における産業を積極的に商業化した。この一連の過程はマニュファクチュア（工場制手工業）といわれる。わが国はこの革命の成果を受けず、十九世紀の中頃にようやくイギリスから蒸気機関の技術を教えられ、早速、鉄道に利用した。当時日本人はイギリスの外交官や商人などからさまざまな技術を受け入れた。来日した外国人は、日本を国際法の植民地として扱うことはなかった。だが彼らは開港地である箱館や横浜などを settlement（植民地。あるいは彼らはこれらの区域を居留地や租借地とし、日本人は居住できなかった）と呼んだ。

明治新政府は彼ら外国人を主としてイギリス（スコットランドなど）から高給をもって採用した。日本銀行創立に尽力したシャンド（Alexander Allan Shand）や灯台局に勤務し、さらには横浜の都市計画を提案したブラントン（Richard Henry Brunton）や、大阪造幣局に勤めたガウランド（William Gowland）や、政府雇いではなかったが、長崎で活躍した国際的な外商人として著名なグラバー（Thomas Blake Glover）などである。

幕末維新の疾風怒濤期に際会

訳者は本訳書の中でサトウの手書きの日記Satow's Diariesから、日本に関する旅行記を読み込み、多くの資料を活用した。さらにまたこのサトウの日記は、若きサトウの在日滞在の長き年期すなわち来日から、バンコクの駐在代表兼総領事任命の一八八四年までの二十三年間の、みずからの活躍と、重ねて言えばその間に当たる中核的な時期と相当される初来日の一八六二年から、第一回目の賜暇《しか》を得てイギリスへ帰る一八六九年までの七年間（和暦の期間でいえば幕末の文久二年から維新の明治二年まで）が描写されている。サトウはたまたまわが国の幕末維新の疾風怒濤期に際会して若き志士たちや有力者と交流しながら、イギリスと日本のパイプ役として貢献し、日英両国から高い評価を得た。

彼はイギリス外務省からの人事試験で領事部門としての資格を得、その部門の最低ポジションである通訳生から出発した。最初は一介の日本公使館通訳生ではあったが、そこでの彼の武器は卓越した日本語と日本についての優秀な理解であり、当時のイギリス駐日公使ハリー・パークスに同行して、幕府の将軍徳川慶喜や明治天皇などの有力者などに直接会見した。かくして彼はイギリス外務省領事部門（駐日公使館二等書記官）から同省外交部門（バンコク駐在代表兼総領事）へと異例な抜擢を受けたのである。彼は深い叡智と洞察力をもとに維新に際して日本の新政府組織の在り方を具体的に提案する（「英国策論」）。一八六六年に『ジャパン・タイムズ』に寄稿）。これは匿名のまま寄稿されたのだが、サトウはその論文で日本における最高の権威者は大君（将軍）ではなく、有力諸侯と天皇にあると論破した。この英国策論（English Policy）は「英国の対日政策」として和訳・市販され、関係諸侯もこれを入手した。

『中央部・北部日本旅行案内』をマレー社から出版

サトウが最初に刊行した *A Handbook For Travellers In Central & Northern Japan* の初版は、横浜のケリー社（商会）が出版者となったが、サトウは当初からロンドンのジョン・マレー社から出版するようにと念願していた。マレー社は、西欧社会において世界の各主要国ごとの旅行案内を出版し、多くの人々から好評を得ていた。同社長であるジョン・マレーは極力自身で各国を旅行し、その成果を旅行案内に結実させた。当時、ロンドンのマレー社に対抗し旅行案内を刊行した出版者はドイツのカール・ベデカー（Karl Baedeker）であった。両者の著書であるマレー本（Murray Books）とベデカー本（Baedeker Books）は長く対抗したが、世界の人々は結局マレー本を世界の近代的ツーリズムの集約として、その成果を高く評価するに至った。

一八八〇年頃のサトウ文書を読んでみると、彼はかなり以前から将来マレー社版『日本旅行案内』に結実するであろう高度な知識水準を持ち、かつ実用的なガイドブックの作成を心掛けていたことがわかる。そのような目標を心に秘めながら、サトウは日本国内の旅を続けている。そしてこれらの旅の記録を留めるとともにその内容を *The Japan Weekly Mail*（横浜で発行されている英字紙）などにかなりの情報を無署名ながら提供している（例えば The Tama Gawa Valley (Notes of Travel) 一八七三年など）。

サトウが最初に刊行した前述の *A Handbook*〜の初版（一八八一年刊）の出版社

は残念ながら、ロンドンのマレー社ではなく、横浜のケリー社だったが、この作品の第二版（一八八四年刊）はようやく彼が希望したマレー社からの出版となった。このガイドブック（第二版）には、同社社長ジョン・マレーの同意を得たものと思われる。すなわち当該書にはサトウが当該国日本の学際的知見を記述しており、それが多くのマレー本の中の一冊として読者を引きつけていたものと考える。かくして当該書は一九二二年の最終第九版補遺まで続き、初版刊行からの間は実に四十年余にも達し、有益な外国人向けの日本案内記として活用された。

日本研究の頂点に立つ

サトウの『中央部・北部日本旅行案内』が刊行されると、横浜で発行されている *The Japan Weekly Mail* 紙は早速取り上げ、同年四月二日付で書評を掲げている。それによれば「全体として見れば本書に対して批判を寄せる余地は無くむしろ完璧といわなければならないとの印象を持つのだが、本書の有する構想力が余りにも幅広いがために完全無欠であるとの言葉にはなじまないし、また現在において得られる日本についての知識の範囲からして読者に万全な情報を提供するのは不可能としなければならないであろう」といささか辛口気味に総括しながら、「西欧人による日本研究は逐次高度化しつつあり、一八六六年刊のヘップバーン博士の『和英語林集成』がその基部に位置するとすれば、この『中央部・北部日本旅行案内』はまさにその頂点に立っている」と評価している。そしてこの段階からさらに先へ前進するためには、本書の第三版の刊行まで待たなければならないとして早くも次版への期待を表明するとともに、今後はもはや不完全な地図と絶えずにらめっこするようなことは無くなり、日本人の到底理解し得ない出来損ないの日本語を用いたお粗末な案内情報に苦労することも解消するであろうと喜んでいる。

これに続いて書評子は、日本の旅行案内に関する書物はまことに多いが、エドワード・J・リード卿の『日本』*Japan:Its History, Traditions, and Religions, with the Narrative of a Visit in 1879*（全2巻。ロンドン・マレー社　一八八〇年刊）と、イサベラ・L・バードの『日本奥地紀行』*Unbeaten Tracks in Japan*（全2巻、ニューヨーク・パトナム社一八八一年刊　邦訳多数）とが最も興味があり有益であるが、その他の作品には低級なのが数多《あまた》あるとし、そのような悪書の氾濫する中で、本書が出現したのは幸いであると記している。さらに書評子は「本書は日本の歴史、伝説、習慣、芸術に関する百科事典といえよう。今後は本書を持たずに日本の国内旅行に向かうことは無いであろう。そんなことは富士山に裸足で登山するようなものである」

と賞賛している。

ここで同書の共同編著者（初版と第二版）であるA・G・S・ホーズ（Albert George Sydney Hawes）について触れておこう。ホーズはイギリス海軍大佐エドワード・ホーズの息子として一八四二年に生まれ、イギリス海軍学校を卒業し、イギリス海軍セバーンに乗務して東インド方面に、ついで英国旗艦プリンセス・ロイアル号に移り、二十三歳のとき、英仏米蘭の四国連合艦隊の兵庫遠征に参加した。一八六九年に自己都合で退役し、以降肥後藩、工部省、海軍省にお雇いとして一八八四年まで勤務。以降はアフリカのニアサ湖、フランス領ソシエテ諸島でイギリス領事となり、一八九四年にはハワイ国ホノルル府駐在に就き、一八九七年にヒロ島訪問中に死去した。遺体は軍葬によってホノルルに埋葬された（出典はP・R・O、ハワイの月刊誌Globe, The Transactions of The Asiatic Society of Japan による）。日本滞在中はサトウと親交を結び、日本アジア協会に属し、登山や競馬などを楽しんでいる。日本人女性との間に得た男子（小野英之助）を明治の大実業家小野義眞の養子としている。

情報不足の日本から発掘

日本にやってきた西欧の外国人たちの動機は何であったのであろうか。それは極東の異国日本に対する限りない好奇心であり深い知的探究心であった。彼らは日本を部分的に植民地として扱うことはあったが、日本と和親条約、通商条約、内地旅行規則などを定め、彼らが日本国内で活躍しながら各地からの情報を獲得した。その中で通商条約等の条文は隣国の中国に準じた程度の低い表現となったようだが（江戸幕府にはオランダ語については若干の通弁はいたが英語のそれらは皆無であった）、それまでに西欧社会に伝達されたはるかに遠い日本の知識は、ケンペル（一六九〇年に来日）やシーボルト（一八二三年に来日）などのオランダ商館員等が、長崎の出島約四千坪の狭隘《きょうあい》な閉塞領域において収集した情報や、窮屈で数少ない江戸参府に随行したときに得られた資料や関係日本人から提供された文献に基づいて書かれた『日本誌』（ケンペル、一七七七～七九年刊）、『日本』（シーボルト、一八三二～五二年刊）などからであった。

西洋文化発祥の地であるオクシデント（Occident）にとって、東洋すなわちオリエント（Orient）の中で、日本は極東（The Extreme Orient. あるいは The farthest East）のさらに東、つまり果てしない東（The utmost East）に位置する存在であって、当時は各大陸部の深奥部を除いては最も情報に乏しく未知の世界であって、彼らにとってあたかも地図上に残された最後の空白部の一つであったといってもよいかもしれない。それだけに彼ら西洋人はこの空白部に所在し西欧とは異なる文化を持つとされていた異国日本の探究に限りない興味と意欲を持った。彼ら外国人はペリーによる開国後も、各居留地におしこめられたが、それでも前述のケンペルやシーボルトの活動範囲を大きく越えて日本の各地山野に広く足をのばし、情報不足であった日本についてのさまざまな知識を発掘していった。

イギリスの初代駐日公使であったラザフォード・オルコックは植物専門家を帯同して外国人として初めて富士山頂に登り、植物と動物の専門家でありサトウの親友であったフレデリック・ビクター・ディキンズなどのプラント・ハンターは日本の山野に散って西欧の自然には無い植物の新種を求め、サトウや美術家のウィリアム・エドウィン・アンダーソンは増上寺や京都御所の奥に立ち入り日本の工芸美を探り、ガウランドは初めて槍ケ岳の絶頂に立って、ウォルター・ウェストンのためにプレイ・グラウンドを開き、チェンバレンは『古事記』を、ウィリアム・ジョージ・アストンは『日本紀』をそれぞれ英訳して日本の宗教を研究した。さらにサトウは神道の真髄を研究し祝詞の勉強に努めた。彼らの日本学（Japanology）はかくしてサトウが主筆となった『中央部・北部日本旅行案内』に結実していったのである。

日本アルプスの発見

ここで本訳書の『明治日本山岳記』について解説しよう。

今日、日本アルプスといわれている高山域に、いわゆる近代スポーツ登山として最初に足跡を印したのは、明治初期の来日外国人たちであったことはよく知られている。すなわち、ウィリアム・ガウランド（William Gowland　英国人。日本政府によるお雇い。大阪造幣寮技師）が一八七三年（明治六年）に御嶽へ（一八九五年十二月十九日のイギリス地学協会の議事録による）、一八七五年には立山へ（同前）、そして一八七七年に槍ケ岳へ（ジョン・ミルン John Milne　政府お雇い。「日本の氷河期の遺跡――日本アジア協会紀要」一八八〇年による）それぞれ初登頂した。ガウランドは自らの初登山を残念ながら記述していない。これに続いてサトウが一八七八年に針ノ木峠へ（本書一八八頁）、一八八一年に間ノ岳へ（本書二四七頁）初登頂している。つまり彼らがスポーツ登山の山域（日本アルプス）を発見していったものといえるだろう。なお「日本のアルプス」という名称も彼らによって命名・普及されているのは興味深い。この言葉が初めて活字になったのはサトウの編著になる『中央部・北部日本旅行案内』初版（一八八一年＝明治十四年刊）のなかであって、越中（現在の富山県）と飛驒（同岐阜県）の山脈、つまり主として飛驒山脈を「日本のアルプス」(The range bounding these provinces of the E. is the most considerable in the Empire, and might perhaps be termed the Japanese Alps) と称しているのである。以降この興趣ある名称は *The Land of the Morning* (W. G. Dixon 一八八二年刊) や、*Highways & Byeways in Japan* (A. H. Crow 一八八三年刊。邦訳は『クロウ・日本内陸紀行』岡田章雄・武田万里子訳)、そして *Handy Guide book to the Japanese Islands* (Seton Kerr 一八八八年刊) に使われるようになる。また日本国内の地理書では小島烏水《こじまうすい》が同書第七版(一九〇三年刊)を「山岳」創刊号(一九〇六年=明治三十九年)で紹介し、志賀重昂《しがしげたか》は自著『日本風景論』(明治二十七年初版)に「日本アルプス」を訳載し、また高頭式《たかとうしょく》も自著『日本山岳志』(明治三十九年刊)に訳載している。

また、烏水が紹介し、現在広く行き渡って用いられている「日本アルプス」という表現も、最初はガウランドが提唱し、次いでイギリスの宣教師ウォルター・ウェストンによって普及されたのであるが、実は前述に重ねて言うが、サトウはガウランドの提案に基づき「越中と飛驒」の項目の概説部に、飛驒山脈を示す名称として初めて活字化しているのである。すなわちサトウは「越中と飛驒の地域の東側を画する山域は日本でも有数の山々が連なりこれを称して日本のアルプスとしてもおそらくよいかもしれない。この山域は南北の距離が六〇マイル乃至七〇マイル（一一〇キロ）、東西の幅は五マイルから一〇マイル（一六キロ）ある」としてこの言葉を導入した。このほか「富士山頂」の項（第二版）や乗鞍岳の説明（第四版以降）や白馬岳の説明（第九版）の中でも「日本のアルプス」との表現が盛りこまれていた。

日本アルプスの命名者＝ガウランド

ガウランドは御雇外国人としての業務を終え、一八八八年に満期解任で帰国した。帰国後、ダグラス・フレッシュフィールドの司会で開催された英国山岳会の例会で「私は地質調査を目的として日本の〈アルプス〉を歩いた。すなわちその山域の高山がアルプス的風貌を示しているとともに、八〇〇〇から一万フィートの高度を保持していることから、よく考えて日本の〈アルプス〉という言葉を用いたのである。当域には氷河は存在せず、またその痕跡も見つからなかった」と発言している。ガウランドからこの説をかねてから聞いていたサトウは、これを『中央部・北部日本旅行案内』初版と第二版の「越中と飛驒」の概説部において「これを称して日本の〈アルプス〉としてもおそらくよいかもしれない」としてこの言葉を導入した。このほか「富士山頂」の項（第二版「はるか彼方の飛驒と信州を隔てる日本のアルプスが目に入る」）や乗鞍岳の説明（第四版以降「日本のアルプスの全ての雄大な高峰—花崗岩の巨人—を見ることができる」）や白馬岳の説明（第九版「日本のアルプスの中で最もすばらしくそして興味深い雪上（大雪渓）の登山を楽しむことができる」）の中でも「日本のアルプス」との表現が用いられている。これらの初出を機会として以降多くの著者がこの言葉を使うようになった。アトキンソンと八ケ岳や白山そして立山に登り帰国後に『朝の国　日本』（*The Land of the Morning*.1882　未邦訳）を記述した工学寮英語教師のウィリアム・グレイ・ディクソンは、第十四章「山と水」の項で「立山から御嶽山まで続く五マイル、長さ六〇乃至は七〇マイルの飛驒信州山脈は日本のアルプスと呼ばれている」と記述している。『クロウ・日本内陸旅行』を出版し、一八八一年六月に来日して九月まで日本各地を旅行した王立地理学協会員アーサー・クロウは、その中で当該山脈をサトウの文を引いて雄大なる高山からなる雪山の飛驒信州山脈と紹介した上で「このアルプス風の山域（the Alpine region）」と書いている。

そしてさらに、一八八八年横浜で出版された『日本ハンディーガイド』（セトン・カール著、未邦訳）にも「越中と飛驒の東側の山域は長さ七〇マイル幅一〇マイルに及ぶ日本のアルプスと呼んでもよい」とある。

だがガウランドの「よく考えて日本の〈アルプス〉という言葉を用いた」と発言したことと、サトウが「日本のアルプスとしてもおそらくよいかもしれない」(might perhaps be termed the Japanese Alps) として活字で表現したことは、非常に慎重な言い回しとなっており、両者には大きな差があると認められる。サトウは「The Japanese Alps という表現が完全に当を得ているものとは考えていなかった、だからこそ婉曲な言い方にしていたのであろうか。

よく考えてみると、いわゆるアルプス山脈（The Alps）はフランスの地中海沿岸からオーストリアのウィーンにかけて連なる全長一〇〇〇キロメートル、幅二〇〇キロメートルに及ぶ大褶曲山脈であり、その最高峰はモンブラン四八〇七メートルである。これにたいして、「The Japanese Alps は全長一一〇キロメートル、幅一六キロメートル、最高峰槍ケ岳は三一八〇メートル（当時の想定）でしかない。この両者を対比してみると「The Japanese Alps はいかにも小規模で Alps と称するのは僭越ではないか、サトウはこのように考えて婉曲な文章にしたものと思われる。また『中央部・北部日本旅行案内』の「越中と飛驒」の項目で取り扱われている山脈の範囲はいうまでもなく飛驒山脈を主とするもので、赤石山脈などは対象とされていない。「南北の長さ一一〇キロメートル、東西の幅一六キロ」と指定されている範囲を地図上で求めてみると、白馬山麓の北端から御嶽山麓の南端までとなる。つまり、越中と飛驒の山脈は日本を代表する高山ではあるがそのすべてではなく、このほかにも赤石・木曾の両山脈に匹敵する高山は多い。そこで、これらの一部であるに過ぎない飛驒山脈のみについて、The Japanese Alps という表現を用いるのはふさわしくない。サトウはこのように考えたのかもしれない。

チェンバレンが新しい編集者となった『日本旅行案内』（書名を変えて第三版以降で使用）の概説部には「日本のアルプス」という表現は使われていないのである。彼は「越中と飛驒」の項で「これを称して日本のアルプスとしてもおそらくよいかもしれない」を、「比肩するのは富士川と天竜川との間の甲・信・駿・遠に及ぶ山脈」と変えている。彼は自著『日本事物誌』の「地理」の項で「日本でもっとも雄大な山塊は信濃飛驒山脈である。これは高さが八〇〇〇フィートから一万フィートに及ぶ花崗岩の巨人である」と表現している。

初版と第二版の「越中と飛驒」の概説部で用いられている「日本のアルプス」という表現は、かくしてチェンバレンによって第三版から最終第九版に至るまでその姿を消してしまう。サトウの次男の武田久吉は、後年にこの言葉について「むかしはたいしてうれしい名だとは思わなかった。……しかし時の流れとともに……人口に膾炙してしまい……全く消化された言葉となってしまった」（「山」昭和十年一月号）と回顧している。

かくしていささかの時が移り「日本のアルプス」という表現が定着し、日本人の間でも固有名詞としてしきりに用いられるようになってきた（明治三十九年「山岳」創刊号などに用いられた）ことを受けて、チェンバレンは第四版（一八九四年・明治二十七年）からこれを再び登場させてきたのである。彼としてはあくまで使いたくないという気持ちがあったのかもしれないが、周囲の情勢が進み、この言葉が勝手に一人歩きを始めてしまうのであろう。そこで彼は概説部での使用は終始避け続けたものの、乗鞍岳や白馬岳の各論では記述せざるを得なくなったのである。

これよりさらに下って大正八年の「山岳」第十三年第二号にウェストンは「『日本アルプス』の提唱者」と題する一文を寄せている。この主要部を訳してみよう。

「一八八一年にアーネスト・サトウ氏が主編著者として刊行されたマレーの『中央部・北部日本旅行案内』初版では、飛騨・信州山脈の高山部はガウランドの解説によって記述されており、この山脈はこれを称して「日本のアルプス」としてもおそらくよいかもしれないとされています。最近ガウランド教授にこの言葉の提唱者について聞いたところ「最初に使ったのかどうもわからない」との答えでありました。続いてサトウ卿にこの点について質問すると「ガウランド教授によって初めて用いられたのは間違いない」と明言されました。だがこの山脈にはその後西欧人はほとんど訪れることもなく、この言葉も使われなかったのです。一八九一年になって私がここに足を踏み入れその詳細を「ジャパン・メール」やその他の英字紙に寄せ、この言葉を採用したのであります。そして一八九五年に帰英した後、私はこの名称をイギリス山岳会や王立地理学協会などの講演に用いました。かくして「日本のアルプス」という言葉は広く受け入れられ定着したのです。

私は一九〇二年に日本に戻ったときに、妻とともに信州と甲州の山岳に登り、この山域を、飛騨信州山脈と区別して「南日本のアルプス」と命名し、さらに前者をより明確に示すために、「北日本のアルプス」と名付けました。そしてこれらの名称を王立地理学協会の私の二回目（一九〇五年。Travels and Explorations in the Southern Japanese Alps）と第三回目（一九一五年。Exploration in the Northern Japanese Alps）の講演などの題目として使用しました。日本人が時にこの名称をJapan Alps〔日本アルプス〕と記しているのを、見受けますが、この表現はJapanese Alps〔日本のアルプス〕と比べて響きが悪いし正しい英語の使い方に馴染まないと考えます」。

この「日本のアルプス」という名称はその後ここでいうウェストンの解説に基づき、対象としている山域の範囲を広げる（飛騨山脈に赤石山脈と木曽山脈を加える）とともに、さらには北アルプス、中央アルプス、南アルプスと三つに区分されて使用されるようになって現在に至る。

紀伊山地の霊場と参詣道

サトウは一八七九年（明治十二年）、三十六歳のときに三回にわたる国内旅行を実施している。五月から六月にかけて、第一回目の奈良、吉野、熊野、高野山を回遊、十月に下総と上総を旅行、十一月に第二回目の関西回遊をして、伊勢から海岸沿いに和歌山へ、大阪、京都、奈良へと旅をしている。旅に出るとサトウは自らの日記に詳細に記述している。これらはサトウ日記の大きな特色であり、この年の旅日記も一八八四年にマレー社から出版された『中央部・北部日本旅行案内　第二版』の中に、「ルート39京都とそ

1903年、60歳のサトウ。

の周辺」「ルート40京都から奈良へ」「ルート41奈良」「ルート42奈良から法隆寺、竜田を経て大阪へ」「ルート43竜田から吉野へ」「ルート44奈良から長谷寺・多武峰を経て上市へ」「ルート45奈良から伊勢神宮へ」「ルート46吉野（大峰、弥山と釈迦ケ岳の登山）」「ルート47吉野から天ノ川渓谷を経て高野山へ」「ルート48高野山」「ルート49高野山から山越えで熊野へ（小辺路）」「ルート53日光から金精峠・尾瀬・八十里越を経て新潟へ」の各項の案内を記述している。

本訳書ではこれら案内のうち「ルート46」「ルート47」「ルート49」「ルート53」を抜粋して掲載している。この中で吉野関連と熊野古道関連が「紀伊山地の霊場と参詣道」として、二〇〇四年七月にユネスコの世界文化遺産に登録された。その霊場は、高野山と、熊野さらに、吉野・大峰を加えて三ヵ所となり、それらを結ぶ参詣道とともに登録された。訳書はこの世界遺産登録のとき、すなわち二〇〇四年から八年前の一九九六年に訳出刊行された。登録時に霊場と古道は草が生い茂り、道や社殿の建物が失われつつある状態となり諸般の現状復興などを必要とする事態となった。サトウが歩いた前述の一八七九年の時代から、同じく世界遺産登録の二〇〇四年まで、霊場と参詣道はかくして荒れ果て、小道の中には倒木が横になって苔がむすようになった。熊野までの古道を歩く人々は少しくなっていったのである。

またサトウが強行して歩いたときには、明治新政府が神仏分離を国の政策として採用したのだが、民衆はこの政策を悪用し、長く従来から彼らが自己の寺僧の行動、すなわち妻を権妻と称し、酒を般若湯とし、夜になると悪所で遊ぶ等の行動を示すことに大きな反対策を採用し、かくして廃仏毀釈に走り無用の策として、多くの寺院、仏像、各家の仏壇の破壊などわが国が世界に誇る工芸美術などを破却するに至った。サトウは吉野の町に入るときに、そこに鎮座する一神社で、その壁龕《へきがん》からは仁王（仏教の尊体）が撤去されていると観察し、また熊野本宮大社では、かつて建物全体が華々しく装飾されていた（仏教の美化）のだが、社領が上地されてから急速に没落の一途をたどっているなどと認識している。

二〇一七年二月十日

庄田元男

本書は、『日本旅行日記』（一九九二年、平凡社東洋文庫）および『明治日本旅行案内』（一九九六年、平凡社）から、山岳に関する記述を抜粋し、学術文庫として新たに編集したものです。

アーネスト・サトウ（Ernest Mason Satow）
1843-1929　イギリスの外交官。1862年に通訳として，1895年に駐日公使として来日。自叙伝『一外交官の見た明治維新』は重要史料。

庄田元男（しょうだ　もとお）
1933年東京生まれ。横浜国立大学経済学部卒業。電源開発㈱等に勤務のかたわら，アーネスト・サトウを研究。著書に『日本アルプスの発見』，訳書にサトウ『明治日本旅行案内』（全3巻），『日本旅行日記』（全2巻），B.M.アレン『アーネスト・サトウ伝』など。

講談社学術文庫

定価はカバーに表示してあります。

アーネスト・サトウの明治《めいじ》日本《にほん》山岳記《さんがくき》

アーネスト・メイスン・サトウ
庄《しょう》田《だ》元《もと》男《お》 訳

2017年4月10日　第1刷発行

発行者　鈴木　哲
発行所　株式会社講談社
東京都文京区音羽 2-12-21 〒112-8001
電話　編集（03）5395-3512
販売（03）5395-4415
業務（03）5395-3615
装　幀　蟹江征治
印　刷　豊国印刷株式会社
製　本　株式会社国宝社
本文データ制作　講談社デジタル製作

ISBN978-4-06-292382-8

「講談社学術文庫」の刊行に当たって

これは、学術をポケットに入れることをモットーとして生まれた文庫である。学術は少年の心を養い、成年の心を満たす。その学術がポケットにはいる形で、万人のものになることは、生涯教育をうたう現代の理想である。

こうした考え方は、学術を巨大な城のように見る世間の常識に反するかもしれない。また、一部の人たちからは、学術の権威をおとすものと非難されるかもしれない。しかし、それはいずれも学術の新しい在り方を解しないものといわざるをえない。

学術は、まず魔術への挑戦から始まった。やがて、いわゆる常識をつぎつぎに改めていった。学術の権威は、幾百年、幾千年にわたる、苦しい戦いの成果である。こうしてきずきあげられた城が、一見して近づきがたいものにうつるのは、そのためである。しかし、学術の権威を、その形の上だけで判断してはならない。その生成のあとをかえりみれば、その根は常に人々の生活の中にあった。学術が大きな力たりうるのはそのためであって、生活をはなれた学術は、どこにもない。

開かれた社会といわれる現代にとって、これはまったく自明である。生活と学術との間に、もし距離があるとすれば、何をおいてもこれを埋めねばならない。もしこの距離が形の上の迷信からきているとすれば、その迷信をうち破らねばならぬ。

学術文庫は、内外の迷信を打破し、学術のために新しい天地をひらく意図をもって生まれた。文庫という小さい形と、学術という壮大な城とが、完全に両立するためには、なおいくらかの時を必要とするであろう。しかし、学術をポケットにした社会が、人間の生活にとってより豊かな社会であることは、たしかである。そうした社会の実現のために、文庫の世界に新しいジャンルを加えることができれば幸いである。

一九七六年六月

野間省一